Noites Azuis

Noites Azuis

Joan Didion

Tradução
Ana Carolina Mesquita

Rio de Janeiro, 2023

Copyright © 2011 by Joan Didion. All rights reserved including the rights of reproduction in whole or in part in any form.

Copyright do prefácio © 2023 por Juliana Leite

Copyright da tradução © 2023 por Casa dos Livros Editora LTDA. Todos os direitos reservados.

Título original: *Blue Nights*

Todos os direitos desta publicação são reservados à Casa dos Livros Editora LTDA. Nenhuma parte desta obra pode ser apropriada e estocada em sistema de banco de dados ou processo similar, em qualquer forma ou meio, seja eletrônico, de fotocópia, gravação etc., sem a permissão do detentor do copyright.

Publisher: *Samuel Coto*

Editora executiva: *Alice Mello*

Editora: *Lara Berruezo*

Editoras assistentes: *Anna Clara Gonçalves e Camila Carneiro*

Assistência editorial: *Yasmin Montebello*

Copidesque: *Thaís Lima*

Revisão: *Victor Almeida e Suelen Lopes*

Projeto original de capa: *Robert Anthony, Inc.*

Design de capa: *Túlio Cerquize*

Diagramação: *Abreu's System*

CIP-Brasil. Catalogação na Publicação
Sindicato Nacional dos Editores de Livros, RJ

Didion, Joan
Noites azuis / Joan Didion ; tradução Ana Carolina Mesquita. – Rio de Janeiro : HarperCollins Brasil, 2023.

Título original: Blue Nights
ISBN 978-65-5511-508-6

1. Biografia (Gênero literário) 2. Didion, Joana, 1934-2021 3. Filhos - Morte 4. Memórias autobiográficas I. Mesquita, Ana Carolina. II. Título.

22-140767   CDD: 818.5409

Inajara Pires de Souza - Bibliotecária - CRB PR-001652/O

Os pontos de vista desta obra são de responsabilidade de seu autor, não refletindo necessariamente a posição da HarperCollins Brasil, da HarperCollins Publishers ou de sua equipe editorial.

HarperCollins Brasil é uma marca licenciada à Casa dos Livros Editora LTDA.

Todos os direitos reservados à Casa dos Livros Editora LTDA.

Rua da Quitanda, 86, sala 218 - Centro

Rio de Janeiro, RJ - CEP 20091-005

Tel.: (21) 3175-1030

www.harpercollins.com.br

Este livro é para Quintana.

Prefácio à edição brasileira

JOAN DIDION movia os braços em uma espécie de dança enquanto falava. Era um gesto persistente que marcava sua personalidade: ao defender um ponto de vista com medidas de tempo e argumentos muito íntimos ("Lembro-me de uma época em que os cachorros latiam toda noite e a lua estava sempre cheia"[1]), lançava as mãos adiante como quem afasta véus invisíveis. Havia um encanto evidente em ouvi-la, o mesmo de ler seus textos. Em uma linguagem só dela, Joan sabia ludibriar o leitor, fazê-lo fluir nas linhas, ainda que por trás estivessem os assuntos mais árduos. Não é um talento simples.

Em *Noites azuis,* esse "efeito Didion" se dá de maneira ainda mais evidente. Aqui lemos o mais duro tema abordado por Joan ao longo de sua carreira: a vivência e a memória da morte de alguém *seu*. Quintana, sua única filha. Para uma mulher como Joan, não bastava passar pela morte, era preciso ir adiante e narrá-la. E isso poderia fazer o leitor supor um livro trágico e triste, o que, sim, é verdade, mas não apenas. No domínio de Joan Didion, uma das maiores

---

1 *O álbum branco.* Tradução de Camila Von Holdefer. Rio de Janeiro: HarperCollins Brasil, 2021.

referências do jornalismo literário mundial, nenhum assunto seria tratado na superfície, muito menos com um sentido fechado. Se a morte é uma parte inescapável da vida, a parte final, uma história jamais poderá ignorá-la, relegá-la ao desinteresse – Joan consideraria – sob pena de faltar uma descoberta preciosa antes do verdadeiro ponto final.

Portanto, precioso é o que o leitor está prestes a encontrar. "Comecei a escrever essas linhas quando me dei conta de coisas que não tinha percebido antes", disse Joan em uma entrevista de lançamento de *Noites azuis*, em 2011, aos 77 anos. Ela se referia à Quintana, falecida seis anos antes. As coisas que ainda não havia percebido não diziam respeito à morte da filha, mas sim à vida dela, embora naquele instante os dois momentos, o começar e o findar, já se pertencessem. Joan revisitava a vida de Quintana e repassava os próprios gestos como mãe para encontrar em episódios muito íntimos alguns sentidos inéditos, pistas de uma relação que ainda se descortinava mesmo após a filha desaparecer.

Noites azuis é o percurso do luto vivido por uma mãe cuja identidade jamais se afastava da *escritora*, sempre atenta aos acontecimentos. Um livro peculiar em sua carreira por abrir mão de uma narrativa no sentido clássico. Não se trata aqui de narrar a morte como já havia feito em *O ano do pensamento mágico*, relato voraz da perda do marido John Gregory Dunne, que lhe rendeu o National Book Award e expandiu de modo incalculável seu público leitor. Em *Noites azuis*, o procedimento de escrita muda, absorvendo o quão antinatural e absurda é a morte de uma filha, apesar de a escrita ainda ser a única saída para alguém como Didion.

Nascida em Sacramento em 1934, ela não via o escrever como "apenas" uma profissão, mas como o procedimento que a treinou diligentemente a olhar para as vivências como longos objetos de estudo, dos quais era preciso se aproximar com curiosidade e empenho. Escrever sobre o que mais a amedrontava, como quem olha o bicho bem dentro dos olhos, desarmaria o dispositivo do medo e afastaria a chance da coisa se concretizar de verdade — essa era a fé. Talvez por isso tenha escrito algumas histórias de separação entre mães e filhas, tentando impedir os acontecimentos.

Mas, aos 39 anos, Quintana morre. "Apenas veja as coisas e ponha em palavras", disse Joan a si mesma. Para uma jornalista consagrada, a escrita daria um jeito de arranjar lugar para o incompreensível e também de lembrar a ela mesma quem morava dentro da pele. Mesmo em uma manhã falida (como certa vez disse), abriria o caderno de notas e lá estariam as palavras agindo como setas indicativas de uma identidade pacientemente acumulada.

Naquele momento, viúva e sem a filha, Joan se entregou com tenacidade às palavras que agora vinham à mente: frases que Quintana havia dito quando criança, gestos repetitivos da menina, acontecimentos e simbologias revisitados no esforço de seguir na companhia da filha por mais um tempo, mantendo o "embalo da vida". Por isso, ler *Noites azuis* é, também, testemunhar a olho nu uma mulher que inventa os próprios métodos de sobrevivência. Didion amava Quintana, mas amava as palavras igualmente, a ponto de colocar por escrito a morte da filha, suportando a única manobra que a manteria viva. Era preciso escrever esses sentimentos (o número de vezes em que Joan se pergunta "por quê?, por quê?"), ficar ao lado deles por tempo suficiente para poder dizer, ao fim das páginas, "agora acabou". O texto acabou, ainda que não se pudesse dizer o mesmo sobre aquela ausência. "Acho que a escrita é, sim, um processo de cura, mas não o tipo de cura que as pessoas normalmente desejam", disse ela.

São muitas as belezas guardadas neste relato singular e uma delas é certamente aquilo que consagrou e distinguiu Didion como escritora: a maneira como ela surge dentro do texto com um "eu" criativo e único. Não se trata de erguer o peso de uma dor individual e impor tudo isso ao leitor, sempre íntimo no texto. Não se trata de nocautear pela tragédia. Joan constrói com cuidado um caminho largo em que o *eu* funciona como um grande par de olhos que percebe e coleciona tudo, inclusive o humor e a alegria que se infiltram na dor, juntando todos os pedaços possíveis de memória na ânsia de dar sentido à mais extrema travessia humana.

Este foi seu último livro e também aquele em que o jogo do tempo a atinge da maneira mais contundente e revelada. Com o avançar dos anos, por trás das palavras está um corpo que sente pela primeira vez a vulnerabilidade dos ossos, a apreensão sobre os movimentos. A magreza que sempre a caracterizou a aproxima pela primeira vez da palavra *frágil*, um adjetivo combatido de frente ao longo dos anos. Ter forças para se levantar de uma cadeira passa a ser uma preocupação concreta, algo informado à página e ao leitor, revelando uma mente vívida que faz frente aos músculos.

É em companhia desse corpo que *Noites azuis* é escrito, uma informação importante já que é nos corpos (no de Quintana, que desaparece, e no dela mesma, que se fragiliza) que o arco do tempo é medido nas linhas. "Você escreve com o presente, com o que tem no momento", disse Joan certa vez, colando o corpo que escreve ao corpo do mundo ao redor. Por isso, na detalhista construção das imagens de uma perda, está incluída a cor da cobertura do bolo de casamento de Quintana, a tatuagem visível no braço da filha através do véu de noiva, a frase escrita quando criança atrás de uma foto antiga (*Para mamãe e papai, tentem imaginar um mar sedutor, se conseguirem*); peculiaridades que dão um sabor inesperado ao texto. E é justo o inesperado que faz deste livro muito mais do que uma coleção de memórias ou o relato de uma perda, mas também um relicário de cenas simples perpetuadas no amor.

Nada tem apenas um lado, nem mesmo a morte — é o que Joan Didion parece dizer, sugerindo, no crepúsculo dos dias, que se olhe para as longas noites azuis do outono em busca do indício oculto no céu, da pista que está prestes a revelar a beleza resistente e impensável da vida, para além e apesar de todo fim.

Juliana Leite

1

EM CERTAS LATITUDES *existe um período pouco antes e logo depois do solstício de verão, de algumas semanas ao todo, em que os crepúsculos se tornam mais longos e azuis. Tal temporada de noites azuis não ocorre na Califórnia, onde vivi a maior parte do que vou relatar aqui e onde o fim do crepúsculo é rápido e perde-se em meio ao clarão do sol poente, mas ocorre em Nova York, onde vivo agora. Você a percebe assim que termina abril e começa maio, uma mudança de estação, não exatamente uma elevação na temperatura — na verdade, nenhuma elevação na temperatura —, porém subitamente o verão parece mais próximo, uma possibilidade, uma promessa, até. Você passa por uma janela, caminha até o Central Park e se vê nadando no azul: a luminosidade é de fato azul e, ao longo do curso de mais ou menos uma hora, essa cor se aprofunda, torna-se mais intensa, ao mesmo tempo que empalidece e escurece, aproximando-se finalmente do azul que o vidro tem em Chartres em um dia límpido, ou do azul da radiação de Cherenkov emitido pelas varetas de combustível dos reatores nucleares. Os franceses chamavam esse momento do dia de "l'heure bleue". Para os ingleses era "the gloaming". A própria palavra "gloaming", lusco-fusco, reverbera, ecoa — o lusco-fusco, o lampejo, o luzir, o lustro, o luminar*

— carregando em suas consoantes as imagens de casas que se cerram, de jardins que escurecem, de rios ladeados de grama que deslizam pelas sombras. Nas noites azuis, temos a impressão de que o fim do dia jamais chegará. À medida que as noites azuis se aproximam do fim (e elas se aproximam, e terminam), sentimos um calafrio, uma apreensão do mal-estar, quando pela primeira vez percebemos: a luminosidade azul está indo embora, os dias já começam a encurtar, o verão se foi. Este livro chama-se Noites azuis porque quando eu o comecei, percebi que meus pensamentos estavam se voltando cada vez mais para a enfermidade, o final da promessa, o minguar dos dias, a inevitabilidade do esmaecimento, o término da luminosidade. As noites azuis são o oposto do término da luminosidade, mas são também seu aviso.

2

26 DE JULHO de 2010.

Hoje seria o aniversário de casamento dela.

Há exatamente sete anos retiramos os colares havaianos das caixas da florista e sacudimos a água em que eles estavam conservados no gramado em frente à catedral St. John the Divine na Amsterdam Avenue. O pavão branco abriu sua cauda. O órgão começou a tocar. A trança que pendia pelas costas dela estava entremeada de flores-de-noiva brancas. Ela cobriu a cabeça com um véu de tule e as flores-de-noiva se soltaram e caíram. O botão de jasmim-manga tatuado logo abaixo do ombro aparecia sob o tule. "Vamos lá", ela sussurrou. As menininhas em vestidos de cores claras e colares havaianos saltitaram pela nave e a seguiram até o altar. Depois que todas as palavras foram ditas, as menininhas a seguiram pelas portas de entrada da catedral e rodearam os pavões (os dois pavões iridescentes azuis e verdes e o pavão branco solitário), até chegarem à Cathedral House. Lá foram servidos sanduíches de pepino e agrião, um bolo cor de pêssego da Payard e espumante rosé.

Cada detalhe escolhido por ela.

Escolhas sentimentais, coisas de que ela se lembrava.

Coisas de que eu também me lembrava.

Quando ela disse que queria sanduíches de pepino e agrião no casamento, lembrei-me dela arrumando os pratos de sanduíches de pepino e agrião nas mesas que tínhamos organizado em volta da piscina para seu almoço de aniversário de dezesseis anos. Quando ela disse que queria colares havaianos em vez de buquês no casamento, lembrei-me dela com três ou quatro ou cinco anos de idade, saindo do avião em Bradley Field, Hartford, usando os colares havaianos que ganhara quando partiu de Honolulu na noite anterior. Naquela manhã fazia -21º C em Connecticut e ela estava sem casaco (quando viajamos de Los Angeles para Honolulu, ela não levara casaco, não esperávamos ter de seguir até Hartford), mas para ela isso não era um problema. Crianças com colares havaianos não usam casacos, ela me avisou.

Escolhas sentimentais.

No dia do casamento ela conseguiu realizar todas as suas escolhas sentimentais, exceto uma: ela queria que as menininhas entrassem descalças na catedral (lembrança de Malibu, ela sempre andava descalça em Malibu, os pés estavam sempre cheios de farpas do deque de sequoia, sujos de piche da praia e manchados de iodo por causa dos arranhões causados pelos pregos das escadas que ficavam entre um e outro), mas as menininhas tinham comprado sapatos novos para a ocasião e queriam usá-los.

O SR. E A SRA. JOHN GREGORY DUNNE
SOLICITAM A HONRA DE SUA PRESENÇA
NO CASAMENTO DE SUA FILHA,

QUINTANA ROO,

COM O

SR. GERALD BRIAN MICHAEL,

NO SÁBADO, DIA 26 DE JULHO,

ÀS DUAS DA TARDE

As flores-de-noiva.

Seriam, elas também, escolhas sentimentais?

Ela se lembrava das flores-de-noiva?

Teria sido por isso que ela as quis, por isso que as entremeou em sua trança?

Havia flores-de-noiva na casa em Brentwood Park, onde vivemos de 1978 até 1988, uma casa tão decididamente convencional (dois andares, planta centro-saguão, janelas com venezianas e uma saleta antes de cada quarto) que parecia idiossincrática *in situ* ("a casa esnobe deles em Brentwood" era como ela a apelidou quando a compramos, declarando aos doze anos que aquilo não fora decisão dela, que não era de seu gosto, uma criança exigindo a distância que todas as crianças imaginam precisar). Eu afastava as flores cerosas sempre que saía para o jardim. Passando pelas mesmas portas havia canteiros de lavanda e hortelã, um emaranhado de hortelã, viçosa graças a uma torneira que pingava. Nós nos mudamos para aquela casa no verão anterior à sua entrada no sétimo ano na que ainda era, naquela época, a Escola para Garotas Westlake em Holmby Hills. Parece que foi ontem. Nós nos mudamos daquela casa no ano em que ela se formaria no Barnard College. Isso também parece que foi ontem. As flores-de-noiva e hortelã já estavam mortas àquela altura, mortas depois que o homem que comprou a casa insistiu que exterminássemos os cupins cobrindo-a com uma lona plástica e fumigando-a com Vikane e cloropicrina. Quando esse comprador deu uma oferta na casa, mandou-nos um recado pela imobiliária, aparentemente para fechar o acordo, de que a queria porque imaginava sua filha casando-se no jardim. Isso foi poucas semanas antes de ele exigir que fumigássemos tudo com o Vikane que matou as flores-de-noiva, matou a hortelã e matou também a magnólia rosa que a minha garota de doze anos, que assumira tão diligentemente aquela visão distanciada de nossa casa esnobe em Brentwood, até então via das janelas da saleta de seu quarto no segundo andar. Os cupins com certeza voltariam. Já a magnólia rosa, eu também tinha certeza, não.

Fechamos negócio e nos mudamos para Nova York.

Onde, a bem da verdade, eu já havia morado antes, dos 21 anos, quando, recém-formada pelo Departamento de Língua Inglesa em Berkeley, comecei a trabalhar na *Vogue* (transição tão profundamente antinatural que o departamento pessoal da Condé Nast pediu que eu informasse as línguas em que era fluente e a única coisa que me veio à cabeça foi Inglês médio), até os 29, quando me casei.

Onde moro desde 1988.

Por que então disse que passei a maior parte desse período na Califórnia?

Por que tive uma sensação tão intensa de traição quando troquei minha carteira de motorista da Califórnia pela de Nova York? Não teria sido essa, na verdade, uma transação bastante pragmática? Seu aniversário chega e sua carteira precisa ser renovada; que diferença faz onde você a renova? Que diferença faz que você tenha sido portadora daquele único número na carteira desde que ela lhe foi entregue, aos quinze anos e meio, pelo estado da Califórnia? E, afinal de contas, aquela carteira não tinha um erro? Um erro do qual você sabia? Então aquela carteira não dizia que você tinha um metro e cinquenta e oito? Quando você sabia perfeitamente que no máximo — no máximo da altura, a maior altura de todos os tempos, antes de você perder um centímetro e pouco com a idade — tinha um metro e cinquenta e cinco e meio?

Por que eu dei tanta importância à carteira de motorista?

O que estaria por trás disso?

Abrir mão da carteira de motorista da Califórnia significava que eu jamais voltaria a ter quinze anos e meio?

Será que eu gostaria de voltar a ter essa idade?

Ou seria a questão da carteira apenas mais um caso de "aparente inadequação do evento precipitador"?

Escrevi "aparente inadequação do evento precipitador" entre aspas porque essa frase não é minha.

Karl Menninger a usou em *Eros e Tânatos: O homem contra si próprio* para descrever a tendência de reagir com exagero a circunstâncias aparentemente ordinárias, até mesmo previsíveis: uma propensão, segundo o dr. Menninger, comum entre suicidas. Ele cita o caso de uma moça que entra em depressão e se mata depois de cortar o cabelo.

Menciona o homem que se mata porque foi aconselhado a parar de jogar golfe, a criança que comete suicídio porque seu canarinho morreu, a mulher que se mata depois de perder dois trens.

Note: não um trem, e sim *dois* trens.

Pense nisso.

Considere que circunstâncias especiais foram necessárias antes de essa mulher desistir de tudo.

"Nesses exemplos", nos explica o dr. Menninger, "o cabelo, o golfe e o canarinho assumiram um valor exagerado, de modo que, quando foram perdidos ou simplesmente se viram sob ameaça, o efeito rebote do rompimento dos laços emocionais foi fatal."

Sim, claro, nenhum argumento contra.

"O cabelo, o golfe e o canarinho" foram investidos de um valor exagerado (tal como o segundo trem perdido, presume-se), mas por quê? O próprio dr. Menninger faz essa pergunta a si mesmo, embora somente de modo retórico: "Mas por que existem tais supervalorizações exageradas e avaliações equivocadas?". Teria ele imaginado que apenas por levantar a questão já a tivesse respondido? Teria pensado que bastaria formular a questão e depois recuar para uma nuvem de referências teóricas psicanalíticas? Seria possível que eu realmente interpretasse a mudança da minha carteira de motorista da Califórnia para Nova York como uma experiência de "rompimento dos laços emocionais"?

Que eu encarasse isso como uma perda?

Que eu encarasse isso como uma separação?

E antes que deixemos de lado esse assunto de "rompimento dos laços emocionais":

A última vez que vi a casa de Brentwood Park antes que ela trocasse de mãos estávamos diante dela observando o caminhão gigantesco da Allied manobrar e dobrar a Marlboro Street, já carregando tudo o que tínhamos até então, incluindo uma perua da Volvo, a caminho de Nova York. Depois que o caminhão sumiu de vista, andamos pela casa vazia e fomos até o terraço, um momento de despedida que perdeu parte de sua ternura graças ao fedor do Vikane e às folhas mortas enrijecidas no lugar onde antes estiveram as flores-de-noiva e a magnólia rosa. Eu sentia o cheiro do Vikane até em Nova York, sempre que desembalava uma caixa. Quando fui novamente a Los Angeles e passei de carro em frente à casa, ela já não estava mais lá, era uma demolição, que daria lugar um ou dois anos depois a uma casa ligeiramente maior (um cômodo novo sobre a garagem, uns trinta ou sessenta centímetros adicionais em uma cozinha já grande o suficiente para acomodar um piano quadrado e de cauda da Chickering, que na maior parte do tempo passava despercebido), mas que não tinha (na minha opinião) o convencionalismo resoluto da original. Alguns anos mais tarde, em uma livraria em Washington, eu conheci a filha, aquela que o dono dissera ter imaginado se casando no jardim. Ela estava estudando em alguma faculdade de Washington (Georgetown? George Washington?), e eu fora até lá para dar uma palestra sobre Política e Prosa. Ela se apresentou. Cresci na sua casa, disse ela. Não exatamente, eu me contive para não responder.

John dizia que tínhamos "voltado" para Nova York.

Eu nunca.

Brentwood Park era o passado, Nova York o presente.

Brentwood Park antes do Vikane foi uma época, um período, uma década, durante a qual tudo parecia estar conectado.

Nossa casa esnobe em Brentwood.

Era exatamente assim como ela a chamava.

Havia carros, uma piscina, um jardim.

Havia agapantos, lírios-do-nilo, explosões estelares intensamente azuis que flutuavam em longos caules. Havia gauras, nuvens de minúsculos botõezinhos que somente eram visíveis quando a luz do sol ia se extinguindo.

Havia chitas inglesas, tecidos de *chinoiserie*.

Havia um cão da raça Boiadeiro da Flandres imóvel no patamar da escadaria, um único olho aberto, de guarda.

O tempo passa.

A memória se desbota, a memória se ajusta, a memória se conforma com o que acreditamos recordar.

Até a memória das flores-de-noiva na trança dela, até a memória da tatuagem de jasmim-manga aparecendo por baixo do tule.

É horrível ver-se morrer sem ter filhos. Napoleão Bonaparte disse isso.

Que maior sofrimento pode haver para os mortais do que ver seus filhos mortos? Eurípedes disse isso.

Quando falamos de mortalidade estamos falando de nossos filhos.

Eu disse isso.

Lembro agora daquele dia de julho na St. John the Divine, em 2003, e me assusto ao ver quão jovens eu e John parecíamos, quão bem. Sendo que nada poderia estar mais longe da verdade para ambos: John tinha sido submetido durante a primavera e o verão a uma série de cirurgias cardíacas, a mais recente delas a implantação de um marca-passo, cuja eficácia ainda era duvidosa; três semanas antes do casamento, eu tinha caído na rua e passara as noites seguintes na UTI do Columbia Presbyterian recebendo transfusões devido a um sangramento gastrintestinal de causa inexplicável. "A senhora só precisa engolir uma câmera pequenininha", disseram na UTI quando estavam tentando provar a si mesmos o que estaria causando o sangramento. Eu me lembro de resistir: uma vez que nunca fora capaz de engolir uma aspirina na vida, parecia improvável que eu conseguisse engolir uma câmera.

"Claro que consegue, é só uma câmera *pequenininha*."

Pausa. A tentativa de aspereza declinou para adulação:

"É uma câmera *bem* pequenininha mesmo."

No fim, acabei engolindo a tal câmera bem pequenininha, e a câmera bem pequenininha transmitiu as imagens desejadas, que não provaram o que estava causando o sangramento, mas provaram que, com sedação suficiente, qualquer um consegue engolir uma câmera bem pequenininha. De modo similar, em outro emprego menos do que eficiente da medicina avançada, John podia levar um telefone ao coração, discar um número e obter uma leitura do marca-passo, o que provava, segundo me disseram, que no exato momento em que ele discava o número (embora não necessariamente antes nem depois), o aparelho estava funcionando.

A medicina, tenho tido motivos desde então para observar, mais de uma vez permanece uma arte imperfeita.

E, no entanto, tudo parecia bem enquanto sacudíamos a água dos colares havaianos no gramado em frente à St. John the Divine no dia 26 de julho de 2003. Teria você percebido, caso estivesse passando pela Amsterdam Avenue e visse de relance o grupo em torno na noiva naquele dia, o quão absolutamente despreparada a mãe dela estava para aceitar o que aconteceria antes mesmo que o ano de 2003 chegasse ao final? O pai da noiva morto à mesa de jantar? A noiva em coma induzido, respirando apenas com a ajuda de um aparelho, desacreditada pelos médicos da unidade de terapia intensiva, que não achavam que ela sequer sobreviveria àquela noite? A primeira de uma série de crises médicas que terminariam, vinte meses depois, com a morte dela?

Vinte meses durante os quais ela só teria forças suficiente para andar sem ajuda durante quem sabe um mês no total?

Vinte meses durante os quais ela chegaria a passar semanas inteiras nas unidades de terapia intensiva de quatro hospitais diferentes?

Em todas essas unidades de terapia intensiva havia as mesmas cortinas estampadas azuis e brancas. Em todas essas unidades de terapia intensiva havia os mesmos sons, o mesmo gorgolejar pelos tubos de plástico, o mesmo gotejar do tubo intravenoso, os mesmos chiados, os mesmos alarmes. Em todas essas unidades de terapia intensiva havia as mesmas exigências de proteção contra novas infecções, o vestir dos mesmos aventais, dos protetores de sapatos, da touca cirúrgica, da máscara, das luvas que só eram retiradas com dificuldade e deixavam uma escoriação que ficava vermelha e sangrava. Em todas essas unidades de terapia intensiva havia a mesma corrida de um lado ao outro quando um código era acionado, os pés batendo no chão, o tilintar do carrinho médico.

Isso não podia estar acontecendo com ela, eu me lembro de ter pensado — revoltada, como se tivessem prometido alguma isenção especial para mim e para ela — na terceira dessas unidades de terapia intensiva.

Quando ela chegou à quarta eu já não invocava essa isenção especial.

Quando falamos de mortalidade estamos falando de nossos filhos.

Eu mesma acabei de dizer isso, mas o que isso quer dizer?

Certo, obviamente consigo rastrear de onde vem, obviamente é possível rastrear, é outra maneira de reconhecer que nossos filhos são reféns do acaso. Mas do que estamos falando quando falamos de nossos filhos? Estamos falando do que significou para nós os termos? Do que significou para nós não mais os termos? Do que significou deixá-los partir? Estamos falando do enigma de jurar a nós mesmos proteger o que é impossível proteger? De todo o mistério que é ser um progenitor?

O tempo passa.

Sim, concordo, uma banalidade, é claro que o tempo passa.

Então por que o digo, por que já o disse mais de uma vez?

Estaria dizendo isso da mesma maneira que digo que morei a maior parte da minha vida na Califórnia?

Dizendo isso sem escutar o que digo?

Será possível que tenha sido mais ou menos assim que escutei: *O tempo passa, mas não tão agressivamente a ponto de ser notado?* Ou até: *O tempo passa, mas não para mim?* Será possível que não acrescentei a isso nem a natureza geral nem a permanência da lentidão, as mudanças irreversíveis na mente e no corpo, a maneira como certa manhã de verão você acorda menos resiliente do que antes e no Natal descobre que sua capacidade de mobilização se foi, atrofiou-se, não existe mais? A maneira como você vive a maior parte da sua vida na Califórnia, mas não mais? A maneira como a sua percepção da passagem do tempo — essa lentidão permanente, essa resiliência evanescente — se multiplica, faz metástase, torna-se a sua própria vida?

O tempo passa.

Seria possível que eu nunca tivesse acreditado nisso?

Terei acreditado que as noites azuis pudessem durar para sempre?

3

Na primavera passada, 2009, tive avisos, sinais na pista, alertas de escuridão antes de as noites azuis chegarem.

L'heure bleue. The gloaming.

Não estavam nem mesmo evidentes quando a escuridão daquele ano deu seus primeiros sinais.

O primeiro aviso foi repentino, o telefone que toca e que você se arrepende de ter atendido, a notícia que ninguém quer receber: uma pessoa próxima a mim desde a sua infância, Natasha Richardson, havia caído em uma pista de esqui nos arredores de Quebec (recesso de primavera, férias de família, uma rampa para iniciantes, *isso não podia estar acontecendo com ela*). Quando percebeu que não estava se sentindo muito bem, já estava morrendo, vítima de um hematoma epidural, uma lesão traumática no cérebro. Ela era filha de Vanessa Redgrave e Tony Richardson, um dos nossos amigos mais próximos em Los Angeles. Na primeira vez que a vi, ela devia ter uns treze ou catorze anos, ainda não se sentia completamente à vontade consigo mesma; uma adolescente indecisa, mas resoluta, de maquiagem um pouquinho exagerada e meias brancas compridas impressionantemente brancas. Tinha vindo de Londres para visitar o pai em sua casa na Kings Road, em Hollywood, uma construção excêntrica que havia sido de Linda Lovelace, a estrela de *Garganta profunda*. Tony comprou a casa e se pôs a enchê-la de papagaios e galgos. Quando Tasha chegou de Londres, ele a levou para jantar conosco no La Scala. Apesar de o jantar não ter sido pensado como uma comemoração pela chegada dela, por acaso, naquela noite no La Scala, havia diversas pessoas que seu pai e nós conhecíamos e ele deixou passar a impressão de que fora tudo planejado. Ela ficou feliz. Alguns anos depois, quando Quintana tinha a mesma idade indecisa que ela, Tasha, agora com dezessete anos, foi passar o verão em Le Nid du Duc, um vilarejo concebido por seu pai, um entretenimento particular, um conceito de diretor, nos montes de Var acima de Saint-Tropez.

Dizer que Tasha foi passar o verão em Le Nid du Duc é não expressar adequadamente a situação. Na verdade, quando John e eu chegamos na França naquele verão, Tasha estava administrando o local, uma *châtelaine* de dezessete anos para o que mais parecia uma festa que duraria o verão inteiro para cerca de trinta pessoas que iam e vinham. Tasha coordenava as provisões das diversas casas que integravam o complexo. Cozinhava e servia, sem qualquer ajuda, três refeições por dia para os trinta, bem como para qualquer outra pessoa que estivesse de passagem por ali e decidisse tomar um drinque e esperar que as mesas compridas embaixo dos limoeiros fossem arrumadas — não apenas cozinhava e servia, mas, como observou

Tony em suas memórias, *The Long-Distance Runner*, "não se abalava nem sequer quando lhe avisavam que naquele dia havia vinte pessoas a mais para almoçar".

Mais impressionante de tudo: aos dezessete anos, Tasha estava coordenando a iniciação ao mundo adulto não apenas das irmãs, Joely e Katharine, como também a de duas meninas do oitavo ano que tinham vindo de Los Angeles, uma delas Quintana, a outra, Roxana, filha de Kenneth e Kathleen Tynan, ambas ávidas por crescerem logo, ambas determinadas a aprontar. Tasha fez questão de que Quintana e Roxana ficassem no lugar certo na praia de Saint-Tropez todas as tardes, e naquele verão o lugar certo era o Aqua Club. Tasha fez questão que elas fossem devidamente apresentadas aos rapazes italianos que as seguiam até a praia, sendo que, para Tasha, "devidamente apresentadas" significava uma refeição nas mesas compridas embaixo dos limoeiros em Le Nid du Duc. Tasha chegara do Aqua Club e preparara um molho *beurre blanc* perfeito para o peixe que Tony comprara naquela manhã. Tasha observara Quintana e Roxana enquanto elas faziam os garotos italianos acreditarem que estavam conversando não com garotas de catorze anos que pouco tempo atrás trajavam os uniformes em tons pastel da Escola para Garotas Westlake e Marlborough, de Los Angeles, mas com alunas incrivelmente sofisticadas da UCLA.

E nunca, nunca, nem uma única vez, ouvi Tasha dedurando isso ou aquilo de qualquer uma das fábulas românticas daquele verão.

Au contraire.

Tasha criava as fábulas, Tasha escrevia os romances.

Eu a vi pela última vez algumas noites depois de ela cair da rampa para iniciantes nos arredores de Quebec, em um quarto do Lenox Hill Hospital em Nova York, onde jazia como se estivesse prestes a acordar a qualquer momento.

Ela não estava prestes a acordar.

Tinham trazido Tasha de helicóptero de Montreal enquanto sua família se reunia em Nova York.

Quando saí do hospital depois de visitá-la, havia fotógrafos do lado de fora, aguardando bons ângulos para fotografarem a família.

Eu os rodeei até a Park Avenue e voltei a pé para casa.

O primeiro casamento dela, com o produtor Robert Fox, tinha sido celebrado em meu apartamento. Ela enchera os cômodos de flores de marmelo para a cerimônia. As flores acabaram caindo, mas restaram os galhos, que, apesar de secos e empoeirados, com ramos quebradiços, ainda serviam de elementos decorativos na nossa sala. Quando cheguei do Lenox Hill naquela noite, o apartamento parecia cheio de fotos de Tasha e de seus pais. Seu pai em uma locação para *The Border*, com uma câmera Panavision. Seu pai em uma locação na Espanha, usando um casaco esportivo vermelho, dirigindo Melanie Griffith e James Woods em um projeto da HBO que ele, John e eu produzimos juntos. Sua mãe nas coxias do Booth Theater na West 45th Street, no ano em que fizemos uma peça juntas. Tasha conversando com John em uma das mesas compridas que ela havia arrumado para o jantar de seu segundo casamento, desta vez com Liam Neeson, na fazenda dela em Millbrook.

Ela havia organizado aquele casamento na fazenda da mesma maneira como organizara antes e depois os verões em Le Nid du Duc.

Organizara até mesmo uma missa de casamento, com padre, que ela a todo momento chamava de "Padre Dan". Foi somente quando ela se levantou para a cerimônia que percebi que o tal "Padre Dan" era Daniel Berrigan, um dos irmãos Berrigan ativistas. Ao que parece, Daniel Berrigan fora um dos consultores do filme *A missão*, de Roland Joffé. Ao que parece, Liam tinha interpretado um papel nesse filme. Ou seja, Tasha organizara todo o evento como uma peça de teatro, o tipo de coisa que Tony mais amava no mundo. Ele teria particularmente gostado de Tasha ter esquecido as hóstias e partido longas baguetes para substituí-las, porém no dia do casamento Tony já tinha morrido.

Tasha morreu em março de 2009.

Isso não podia estar acontecendo com ela.

Seu pai fez um filme do almoço que ofereceu em homenagem aos 21 anos dela, na antiga casa de Linda Lovelace na Kings Road. No filme, John lhe deseja feliz aniversário e Quintana, Fiona Lewis e Tamara Asseyev cantam "Girls Just Want to Have Fun". Depois do almoço, soltamos vários balões brancos e os observamos flutuando por cima dos montes de Hollywood. Estes são os versos de W. H. Auden que Tony recitou naquela tarde, dizendo ser "o melhor desejo de 21 anos que se pode fazer a uma pessoa":

So I wish you first a
Sense of theatre; only
Those who love illusion
And know it will go far...[2]

Tasha e seu pai e John e Quintana e os galgos e os papagaios e os balões brancos, todos ainda estão ali, no filme.
Tenho uma cópia.
Assim desejo-lhe, antes de tudo, sentido teatral...
Assim seu pai teria dito no casamento em Millbrook.

O segundo aviso, esse nada repentino, veio em abril de 2009.

Por eu estar demonstrando sinais de neurite, ou neuropatia, ou inflamação neurológica (parecia não haver consenso em relação a como chamar aquilo), fiz uma ressonância magnética, depois uma angiografia por ressonância magnética. Nenhuma das duas apontou uma razão conclusiva para os sintomas, mas as imagens do círculo de Willis mostraram evidências de um aneurisma de 4,2mm por 3,4mm localizado nas profundezas daquele círculo de artérias — as cerebrais anteriores, as comunicantes anteriores, a carótida interna, as cerebrais posteriores e as comunicantes posteriores — na base do meu cérebro. Essa descoberta, destacaram os diversos neurologistas que examinaram as imagens, foi "completamente acidental", não tinha "relação nenhuma

---

2 Em tradução livre: "Assim desejo-lhe antes de tudo/ Sentido teatral; apenas aqueles/ Que amam e conhecem a ilusão/ Podem ir longe...". [*N.T.*]

com o que estamos procurando" e não era sequer necessariamente significativa. Um dos neurologistas arriscou que aquele aneurisma "não parece prestes a estourar"; outro sugeriu que "caso estoure, a senhora não vai sobreviver".

Isso pelo visto era dito como se fosse uma notícia encorajadora, e eu a aceitei como tal. Naquele momento de abril de 2009, percebi que já não tinha mais, se é que um dia tivera, medo de morrer. Agora tinha medo de não morrer, medo de sofrer algum dano cerebral (ou cardíaco, ou renal, ou no sistema nervoso) e sobreviver, e continuar vivendo.

Terá havido algum momento em que Tasha sentiu medo de não morrer?

Terá havido algum momento em que Quintana sentiu medo de não morrer?

Nos instantes derradeiros, digamos, por exemplo, naquela manhã de agosto em que entrei na UTI do New York-Cornell, localizada de frente para o rio, e um dos vinte médicos que deviam estar ali mencionou por acaso (um ponto de interesse, algo digno de ser ensinado, uma reunião clínica para dois estudantes, o marido e a mãe da paciente) que iriam fazer ressuscitação cardiopulmonar porque a paciente não estava mais conseguindo obter oxigenação suficiente do ventilador pulmonar? Exceto que ele não disse "ventilador pulmonar", disse apenas "ventilador"? E eu perguntei obedientemente (a aluna atenta, por dentro do jargão) há quanto tempo a paciente não consegue obter oxigenação suficiente com o ventilador? E o doutor respondeu que há pelo menos uma hora?

Teria eu entendido tudo aquilo errado?

Teria eu entendido errado um ponto crucial?

Será possível que eles tenham deixado que se passasse uma hora inteira sem mencionar que o cérebro dela já estava danificado pela oxigenação insuficiente?

Colocando a questão de outra maneira: e se a aluna atenta não tivesse perguntado nada?

Teriam eles sequer mencionado aquilo?

Ou ainda pior: se eu não tivesse perguntado nada, ela ainda estaria viva?

Armazenada em algum lugar?

Não mais consciente, mas viva, em vez de morta?

Que maior sofrimento pode haver para os mortais do que ver seus filhos mortos?

Terá havido um instante em que ela soube o que a vida lhe reservava naquela manhã de agosto na UTI do New York-Cornell localizada de frente para o rio?

Será que esse instante ocorreu naquela manhã de agosto, quando ela estava de fato morrendo?

Ou teria acontecido anos antes, quando ela imaginou que estivesse?

4

"QUANDO QUINTANA era pequena, nós nos mudamos para Malibu, para uma casa na costa do Pacífico." Assim começou o brinde que John ofereceu na Cathedral House da St. John the Divine na tarde em que ela trançou flores-de-noiva em seu cabelo e cortou o bolo cor de pêssego da Payard. Ele se esqueceu de mencionar alguns aspectos de morar naquela casa na costa do Pacífico — por exemplo, o modo como o vento soprava pelos desfiladeiros e assobiava sob os beirais e levantava o telhado e cobria as paredes brancas de cinzas da lareira. Também se esqueceu de mencionar as cobras-reais californianas que caíam das vigas da garagem no Corvette aberto que eu estacionava ali embaixo, cobras consideradas valiosas pela população local porque a presença de uma cobra-real em seu Corvette significaria (nunca me convenci disso) que não havia uma cascavel em seu Corvette. Posso citar exatamente o que ele mencionou porque depois que o disse, ele anotou. Queria que ela tivesse nas palavras exatas dele a lembrança exata que ele tinha da infância dela:

A casa não tinha aquecimento — tinha velhos aquecedores de rodapé, mas tínhamos medo de que acabassem provocando um incêndio —, portanto nós a aquecíamos com a lareira gigantesca da sala de estar. De manhã eu me levantava e trazia a lenha para o dia — comprávamos três metros cúbicos de madeira por semana —, depois acordava Q, preparava seu café da manhã e a arrumava para ir à escola. Joan estava tentando terminar um livro naquele ano e trabalhava até as duas ou três da manhã, depois tomava um drinque e lia poesia antes de se deitar. Ela sempre preparava o almoço de Q na noite anterior e o colocava em sua lancheirinha azul. Vocês deviam ver que almoços: passavam longe do sanduíche clássico de geleia com manteiga de amendoim. Eram sanduichinhos sem casca, cortados em quatro pedaços triangulares e mantidos frescos com plástico filme. Ou então frango frito caseiro, com saleiro e pimenteiro pequeninos. De sobremesa, morangos em calda com creme azedo e açúcar mascavo.

Então eu levava Q para a escola, e ela descia um morro íngreme. Todas as crianças usavam uniforme; Quintana usava um macacão xadrez e um suéter branco. Seu cabelo — que ficava loiro-claro com todo aquele sol de Malibu — estava preso em um rabo de cavalo. Eu a observava sumir morro abaixo, tendo como fundo o imenso azul do Pacífico, e pensava que aquilo era a coisa mais linda que eu já tinha visto. Então disse a Joan: "Você precisa ver isso, meu amor". Na manhã seguinte, Joan veio conosco. Quando ela viu Q sumir por aquele morro, começou a chorar.

Hoje Quintana está subindo de volta aquele morro. Não é mais a loirinha de rabo de cavalo com macacão xadrez e lancheira azul. É a Princesa Prometida — e no alto daquele morro está seu Príncipe. Por favor, juntem-se a mim para brindar Gerry e Quintana.

E assim fizemos.

Nós nos juntamos a ele no brinde a Gerry e Quintana.

Brindamos Gerry e Quintana na St. John the Divine. Algumas horas depois, sem a presença deles, em um restaurante chinês na West 65th Street com meu irmão e sua família, nós os brindamos de novo. Desejamos-lhes felicidade, desejamos-lhes saúde, desejamos-lhes amor e sorte e lindos filhos. No dia daquele casamento, 26 de julho de 2003, não víamos motivos para que essas bênçãos comuns não lhes batessem à porta.

Notem:

Ainda considerávamos felicidade, saúde, amor, sorte e lindos filhos "bênçãos comuns".

5

SETE ANOS mais tarde.

26 de julho de 2010.

Espalhadas sobre a mesa à minha frente estão fotografias que, embora tivessem sido enviadas para mim recentemente, foram todas tiradas em 1971, no verão ou no outono, na casa sem aquecimento de Malibu mencionada no brinde de casamento, ou em seus arredores. Nós nos mudamos para aquela casa em janeiro de 1971 em um dia perfeitamente límpido que se tornou tão nublado que, quando voltei de carro da minha ida no fim do dia ao mercado Trancas, a seis quilômetros de distância pela Pacific Coast Highway, já não conseguia enxergar a trilha da entrada da casa. Sendo as neblinas de janeiro, fevereiro e março tão corriqueiras naquele litoral quanto os incêndios florestais espontâneos de setembro, outubro e novembro, tal desaparecimento da trilha de entrada não era absolutamente incomum: o melhor método para encontrá-la era segurar a respiração, tentar não pensar no desfiladeiro invisível lá embaixo, que se erguia a uns sessenta metros de altura do oceano, e virar à esquerda.

Nem a neblina nem os incêndios florestais estão nas fotografias.

São dezoito imagens.

Cada uma delas é da mesma criança com a mesma idade, Quintana aos cinco anos, com o cabelo, como foi observado no brinde de casamento, desbotado pelo sol de verão. Em algumas ela está usando seu uniforme de macacão xadrez, também comentado no brinde. Em outras, usa um suéter de caxemira de gola rulê que comprei para ela em Londres quando fomos para lá em maio fazer a divulgação europeia de *Os viciados*. Em algumas ainda está usando um vestido xadrez de gorgorão com barrado de renda, um tanto desbotado e grande para ela, com jeito de ter sido herdado. Em outras veste a calça jeans rasgada e a jaqueta jeans da Levi's com apliques de metal, carregando uma vara de pescar no ombro, cuidadosamente colocada ali (por ela mesma) menos em um espírito de pescaria do que de estética, um objeto para destacar o modelito.

As fotos foram tiradas por um de seus primos de West Hartford, Tony Dunne, que tinha vindo de folga da Williams para passar alguns meses em Malibu. Estava ali há apenas um ou dois dias quando ela começou a perder seu primeiro dente de leite. Ela havia notado que o dente estava mole, balançara-o, o dente ficou ainda mais mole. Tentei me lembrar de como se resolvia esse tipo de situação na minha infância. Minha lembrança mais coerente envolvia minha mãe amarrando um fio no dente mole, prendendo o fio na maçaneta de uma porta e batendo-a. Tentei fazer o mesmo. O dente ficou preso onde estava. Ela chorou. Apanhei as chaves do carro e gritei chamando Tony: amarrar o fio na maçaneta da porta tinha esgotado de tal maneira minha aptidão para cuidados improvisados que meu único pensamento agora era levá-la à emergência do centro médico da UCLA, a uns cinquenta quilômetros dali. Tony, que fora criado com três irmãos e vários primos, tentou sem sucesso me convencer de que seria um exagero. "Deixe só eu tentar uma coisa antes", ele pediu por fim, e arrancou o dente com um puxão.

Na segunda vez em que um de seus dentes ficou mole, ela mesma o arrancou com um puxão. Eu havia perdido a autoridade.

Seria eu o problema? Teria eu sido sempre o problema?

Na nota que Tony incluiu quando me enviou as fotos, meses atrás, ele dizia que cada uma das imagens representava algo que ele havia visto nela. Em algumas ela está melancólica, olhos enormes fitando diretamente a lente. Em outras está ousada, desafia a câmera. Cobre a boca com as mãos. Esconde os olhos com um chapéu de sol de algodão com estampa de bolinhas. Caminha pela arrebentação até o mar. Morde o lábio enquanto se balança em um galho de espirradeira.

Algumas dessas fotos me são familiares.

A cópia de uma delas, aquela em que ela está usando o suéter de caxemira de gola rulê que lhe comprei em Londres, está emoldurada em minha mesa de trabalho em Nova York.

Na minha mesa de trabalho em Nova York também há uma foto emoldurada que ela mesma tirou em um Natal em Barbados: as rochas em frente à casa alugada, o mar raso, as marolas da arrebentação. Eu me lembro do Natal em que ela tirou essa foto. Tínhamos chegado em Barbados à noite.

Ela foi imediatamente para a cama e eu fiquei sentada lá fora ouvindo o rádio e tentando localizar uma frase que acreditava ser de *Tristes trópicos*, de Claude Lévi-Strauss, mas que nunca consegui encontrar: "Os trópicos não são exóticos, são apenas antiquados". Em algum momento depois que ela foi dormir veio a notícia pelo rádio: desde nossa chegada em Barbados, os Estados Unidos tinham invadido o Panamá. Quando raiou a primeira luz do dia, eu a acordei com essa informação importante — ou pelo menos assim me parecia. Ela cobriu o rosto com o lençol, indicando claramente não ter interesse em continuar o assunto. Apesar disso, fui em frente. Soube "justamente ontem" que na noite passada íamos invadir o Panamá, ela disse. Perguntei como ela poderia ter tomado ciência "justamente ontem" de que íamos invadir o Panamá na noite passada. Porque todos os fotógrafos da SIPA passaram no escritório ontem, ela respondeu, para apanhar credenciais para a invasão do Panamá. A SIPA era a agência de fotografia onde ela trabalhava na época. Ela se cobriu novamente com o lençol. Não perguntei por que ela não considerara a invasão do Panamá digna de menção no voo de cinco horas até ali. *"Para mamãe e papai"*, diz a dedicatória da foto. *"Tentem imaginar o mar sedutor, se conseguirem. Com amor, beijos, Q."*

Ela soubera justamente ontem que na noite passada íamos invadir o Panamá.

Os trópicos não eram exóticos, eram apenas antiquados.

Tentem imaginar o mar sedutor, se conseguirem.

Mesmo naquelas fotos de Malibu, que não me são familiares, reconheço certos elementos: a mesinha de canto improvisada perto de uma cadeira na sala de estar, uma das facas "estilo Craftsman" da minha mãe sobre a mesa, que identificamos como sendo da "Tia Kate", as cadeiras de madeira de espaldar reto que minha sogra pintara de preto e dourado e nos mandara de Connecticut.

O galho de espirradeira onde ela se balança é familiar, a curva da praia onde ela chuta as marolas da arrebentação é familiar.

As roupas são, claro, familiares.

Durante algum tempo eu as vi todos os dias, eu as lavei, eu as pendurei para que secassem ao vento no varal em frente à janela do meu escritório.

Escrevi dois livros observando as roupas dela secando naquele varal.

Escove os dentes. Penteie o cabelo. Shhh, estou trabalhando.

Assim era o cartaz com a lista de "Frases da mamãe" que ela um dia colocou na garagem, um artefato do "clube" que ela fundara com outra criança que morava na praia.

O que ficara desconhecido para mim até aquele momento, o que eu reconheci nas fotos, mas passou despercebido na época em que elas foram tiradas, foram os impressionantes altos e baixos das expressões dela, suas mudanças repentinas de humor.

Como pude não perceber o que estava ali, tão claro diante dos meus olhos?

Então eu não li o poema que ela trouxe para casa da escola no morro íngreme, naquele ano? A escola onde ela usava o uniforme de macacão xadrez e para onde levava a lancheira azul? A escola à qual John a observava ir todas as manhãs e pensava que era a coisa mais linda que ele já tinha visto na vida?

"O mundo", chama-se o poema, e reconheço sua letra de forma cuidadosa, escrita quixotescamente em uma tira estreita de cartolina de 36 centímetros de comprimento, mas apenas cinco centímetros de largura. Vejo aquela letra de forma cuidadosa todos os dias: a tira de cartolina está agora emoldurada na parede atrás da minha cozinha em Nova York, junto com outras relíquias daquela época: uma cópia do poema "Inverno na Califórnia" de Karl Shapiro, recortada das páginas da *New Yorker*, os versos de "Um certo cansaço", de Pablo Neruda, datilografados por mim em uma das dúzias de máquinas de escrever Royal que meu pai havia comprado (junto com alguns refeitórios militares, uma torre de vigilância e o jipe cáqui oficial da Ford em que aprendi a dirigir) em um leilão do governo; um cartão-postal de Bogotá, que John e eu enviamos para Quintana, em Malibu; uma foto mostrando a mesinha de centro na sala de estar da casa de praia depois do jantar, as velas quase no fim e as canecas de prata repletas de santolina; um aviso mimeografado do departamento de bombeiros de Topanga-Las Virgenes instruindo os moradores quanto ao que fazer "quando o incêndio começar".

Notem: não "se o incêndio começar".

Mas sim *quando* o incêndio começar.

O departamento de bombeiros de Topanga-Las Virgenes não se referia ao que a maioria das pessoas imagina ao ouvir as palavras "fogo na mata", uns poucos rastros de fumaça e uma labareda ou outra. O departamento de bombeiros de Topanga-Las Virgenes referia-se a incêndios que se estendiam por 36 quilômetros de distância e que, à medida que avançavam, lançavam labaredas de quase quatro metros de altura.

Aquele não era um território amigável: pensem no que é ter que encontrar a entrada de casa.

Pensem também no próprio "O mundo", sua tira excêntrica de cartolina e letra de forma cuidadosa obscurecendo um dos lados do aviso mimeografado do departamento de bombeiros de Topanga-Las Virgenes. Como as escolhas feitas pela cuidadosa escritora podem ou não ter significado, eu lhes ofereço o texto de "O mundo" com o espaçamento que ela o escreveu e seu único erro ortográfico:

O

MUNDO

O mundo
Nada tem
Só manhã
E noite
Não tem
Dia ou almoço
Portanto esse mundo
É pobre e deserto.
É alguma espécie
De ilha que tem
Só três casas
Nessas famílias

Existem 2,1,2, pessoas
Em cada casa
Portanto 2,1,2 dá
Só 5 pessoas
Nesta
Ilha.

É verdade que a praia onde morávamos, nossa "alguma espécie de ilha" particular, tinha "só três casas", ou para ser mais precisa, tinha só três casas que ficavam ocupadas o ano inteiro. Uma dessas três casas era de Dick Moore, um diretor de fotografia que, quando não estava em uma locação, morava ali com as duas filhas, Marina e Tita. Foi Tita Moore que fundou o clube com Quintana, responsável por pendurar o cartaz das "Frases da mamãe" na nossa garagem. Tita e Quintana também tinham um empreendimento empresarial, "a fábrica de sabonete", cuja missão era derreter e dar nova forma a todas as sobras do sabonete de gardênia da I. Magnin, que eu encomendava pelo correio, e vender o resultado para quem estivesse na praia. Como as duas extremidades da praia estavam tomadas pela maré, apenas uns dois ou três aventureiros acabavam se materializando no horário comercial da fábrica de sabonete, o que me dava a chance de comprar de volta meus próprios sabonetes da I. Magnin, reconfigurados de puros ovais cor de marfim em bolotas cinzentas. Não tenho lembrança das outras "famílias" daquelas casas, mas na nossa eu diria que não havia "2,1,2 pessoas" e sim "3 pessoas".

Provavelmente Quintana via de modo diferente nossa "alguma espécie de ilha" particular.

Provavelmente tinha motivos para isso.

Escove os dentes. Penteie o cabelo. Shhh, estou trabalhando.

Certa vez, quando morávamos na casa de praia, voltamos da rua e descobrimos que ela tinha telefonado para o que em nossa faixa de litoral chamávamos informalmente de "Camarillo". Camarillo era naquela época uma clínica psiquiátrica estadual localizada a uns quarenta quilômetros de distância ao norte, no distrito de Ventura, o mesmo hospital onde Charlie Parker um dia se desintoxicou e depois imortalizou em "Relaxin' at Camarillo", a instituição que, dizia-se, fornecera a inspiração para a música "Hotel California", dos Eagles.

Ela telefonara para Camarillo, avisou, para descobrir o que precisaria fazer se estivesse ficando louca.

Ela tinha cinco anos de idade.

Em outra ocasião, voltamos da praia e descobrimos que ela tinha telefonado para a Twentieth Century-Fox.

Ela telefonara para a Twentieth Century-Fox, explicou, para descobrir o que precisaria fazer para ser uma estrela.

Mais uma vez, ela tinha cinco anos de idade, talvez seis.

Tita Moore está morta. Ela morreu antes de Quintana.

Dick Moore também está morto. Ele morreu no ano passado.

Marina me telefonou recentemente.

Não me lembro sobre o que conversamos, mas sei que não conversamos sobre o clube com o cartaz das "Frases da mamãe" na garagem, e sei que não conversamos sobre a fábrica de sabonete, e sei que não conversamos sobre as extremidades da praia que ficavam tomadas pela maré.

Digo isso porque não creio que eu ou Marina poderíamos ter suportado essa espécie de conversa.

Relax, said the night man —
We are programmed to receive —
You can check out any time you like —
But you can never leave [3]

Assim diz a letra de "Hotel California".

Altos e baixos, mudanças repentinas.

Ela já era uma pessoa. Eu nunca me permiti ver isso.

---

3 Em tradução livre: "Relaxe, disse o vigia noturno/ Somos programados para recepcionar/ Você pode registrar saída quando quiser/ Mas não pode partir jamais". [*N.T.*]

6

E A FACA DE JANTAR "estilo Craftsman" da minha mãe?

A faca de jantar "estilo Craftsman" sobre a mesa da tia Kate, aquela que reconheci nas fotografias? Seria a mesma faca que caiu por entre os vãos das tábuas de madeira de sequoia do deque nas suculentas da encosta? A mesma faca que ficou perdida no meio das suculentas até que sua lâmina ficasse manchada e seu cabo, arranhado? A faca que só encontramos quando estávamos corrigindo a drenagem da encosta a fim de passar na inspeção geológica exigida para vender a casa e nos mudarmos para Brentwood Park? A faca que resgatei para deixar para ela, como lembrança da praia, de sua avó, de sua infância?

Eu ainda guardo essa faca.

Ainda manchada, ainda arranhada.

Também ainda guardo o dente de leite que seu primo Tony arrancou, em uma caixinha de joias de forro de cetim, junto com os dentes de leite que ela mesma arrancou e três pérolas soltas.

Os dentes de leite também deveriam ter ficado com ela.

7

A BEM DA VERDADE, eu já não valorizo mais essa espécie de lembrança.

Eu já não desejo mais nada que lembre o que foi, o que se quebrou, o que se perdeu, o que se desperdiçou.

Houve uma época, uma longa época, que data da minha infância até bem recentemente, em que eu acreditava no contrário.

Uma época em que eu acreditava que poderia manter as pessoas presentes, junto a mim, preservando suas lembranças, suas "coisas", seus totens.

Os resíduos dessa crença inadequada agora enchem as gavetas e closets do meu apartamento em Nova York. Em toda gaveta que eu abro descubro algo que, em retrospecto, não quero ver. Não existe closet que eu abra que tenha espaço para as roupas que eu poderia desejar usar. Em um dos armários que poderia ter esse uso, vejo em vez disso três antigos casacos de chuva da Burberry de John, uma jaqueta de camurça que a mãe do primeiro namorado de Quintana lhe deu, e uma capa de angorá, desde então roída pelas traças, que minha mãe ganhou do meu pai pouco depois da Segunda Guerra. Em outro armário encontro uma cômoda e um monte de caixas perigosamente empilhadas. Abro uma delas. Encontro fotos tiradas pelo meu avô quando ele era engenheiro de minas em Sierra Nevada no início do século XX. Em outra caixa, encontro os restos de renda e bordados que minha mãe resgatara das caixas de lembranças da sua própria mãe.

Os azeviches.

Os rosários de contas de marfim.

Os objetos para os quais não há um destino satisfatório.

Na terceira caixa encontro meada atrás de meada de lã para bordar, guardadas para a eventual necessidade de fazer reparos em uma tela que foi concluída e dada de presente em 2001. Na cômoda encontro trabalhos escritos por Quintana quando ela ainda estudava na Escola para Garotas Westlake: a pesquisa sobre estresse, a análise do papel de Angel Clare em *Tess dos d'Ubervilles*. Encontro seus uniformes de verão, seus shorts de ginástica azul-marinho. Encontro o avental azul e branco que ela usou quando trabalhou como voluntária no Hospital St. John's em Santa Monica. Encontro o vestido de lã preta de challis que comprei para ela na Bendel's da West 57th Street quando ela tinha quatro anos. Quando comprei aquele vestido de lã preta de challis, a Bendel's ainda ficava na West 57th Street. Para que vejam quanto tempo faz. A Bendel's, depois que Geraldine Stutz deixou sua administração, tornou-se igual a qualquer outra loja, mas era especial quando ficava na West 57th Street e comprei aquele vestido. Era tudo o que eu gostaria que nós duas vestíssemos, havia apenas chiffons da Holly Harp, barras onduladas e tamanhos P e PP.

Outros objetos para os quais não há um destino satisfatório.

Continuo abrindo caixas.

Encontro mais fotografias desbotadas e marcadas do que jamais gostaria de voltar a ver.

Encontro diversos convites de casamento de gente que já não está casada.

Encontro diversos cartões de missas de corpo presente de pessoas cujos rostos não me lembro mais.

Em teoria, essas lembranças serviriam para trazer de volta o momento.

Na verdade, elas servem apenas para deixar claro o quão inadequadamente apreciei o momento enquanto ele estava acontecendo.

O quão inadequadamente apreciei o momento enquanto ele estava acontecendo é outra coisa que eu nunca me permiti ver.

8

SEUS ALTOS E BAIXOS, suas mudanças repentinas.

Claro que não poderiam ter permanecido apenas isso, altos, baixos, mudanças repentinas.

Claro que receberam nomes, "diagnósticos". Os nomes estavam sempre mudando. Transtorno maníaco-depressivo, por exemplo, tornou-se TOC e TOC era a abreviação de transtorno obsessivo-compulsivo e transtorno obsessivo--compulsivo tornou-se alguma outra coisa, eu nunca conseguia me lembrar exatamente o quê. De todo modo, não fazia diferença, porque quando eu me lembrava já havia um novo nome, um novo "diagnóstico". Coloco o termo "diagnóstico" entre aspas porque ainda não cheguei a ver nenhum caso em que um "diagnóstico" levou a uma "cura", ou, a bem da verdade, a qualquer outro resultado que não uma debilidade confirmada e, portanto, imposta.

Mais uma prova de que a medicina é uma arte imperfeita.

Ela se sentia deprimida. Ansiosa. E porque se sentia deprimida e ansiosa, bebia demais. Isso se chamava automedicação. Enquanto medicação para a depressão, o álcool tem seus efeitos negativos bastante conhecidos, mas ninguém jamais sugeriu — pode perguntar a qualquer médico

— que não seja o mais eficiente agente ansiolítico conhecido até hoje. Pode parecer uma dinâmica bastante direta, porém, depois de medicada — quando os altos e baixos e mudanças repentinas receberam nomes —, ficou evidente que não era. Passamos por muitos diagnósticos, muitas doenças que recebiam muitos nomes, antes que o menos limitado dos médicos dela se decidisse por um que parecia apropriado. O nome da doença que parecia apropriado era "transtorno de personalidade borderline". "Pacientes com esse diagnóstico são uma mistura complexa de pontos fortes e fracos que confundem o diagnosticador e frustram o psicoterapeuta." Assim observa uma resenha de 2001 do livro *Borderline Personality Disorder: A Clinical Guide* [Transtorno de personalidade borderline: manual clínico, em tradução direta], de John G. Gunderson, publicada no *New England Journal of Medicine.* "Tais pacientes podem parecer encantadores, controlados e psicologicamente intactos em um dia e no outro cair em desespero suicida." A resenha prossegue: "Impulsividade, labilidade emocional, difusão de identidade e esforços frenéticos para evitar o abandono são sintomas característicos".

Eu tinha visto a maioria dessas características.

Tinha visto o encanto, tinha visto o controle, tinha visto o desespero suicida.

Tinha visto ela desejar a morte deitada no chão da saleta de seu quarto em Brentwood Park, a saleta de onde ela conseguia ver a magnólia rosa. *Me deixa ficar no chão*, disse ela sem parar de soluçar. *Me deixa ficar no chão e vai dormir.*

Tinha visto a impulsividade.

Tinha visto a "labilidade emocional", a "difusão de identidade".

O que eu não tinha visto, ou que, a bem da verdade, tinha visto, mas não reconheci, foram os "esforços frenéticos para evitar o abandono".

Como ela poderia imaginar que iríamos abandoná-la?

Será que não tinha ideia do quanto precisávamos dela?

Li recentemente pela primeira vez diversos fragmentos do que ela chamava, na época em que os escreveu, de "o romance que estou escrevendo só para mostrar para você". Ela devia ter treze ou catorze anos quando lhe ocorreu a ideia desse projeto. "Alguns dos acontecimentos são baseados em fatos reais e outros são fictícios", ela avisa o leitor no início. "Os nomes ainda não foram definitivamente modificados." A protagonista desses fragmentos, também de catorze anos e também chamada Quintana (embora também fosse referida por outros nomes, presumo que tentativas para as mudanças definitivas que estariam por vir), acredita que pode estar grávida. Ela consulta, em um momento da trama que parece ter sido especificamente criado para "confundir o diagnosticador e frustrar o psicoterapeuta", seu pediatra. O pediatra a aconselha a contar a seus pais. Ela o faz. O modo como ela imagina que seus pais reagiriam parece, como todo o resto do trecho narrativo que envolve a gravidez, confuso, uma fantasia, um indício de algo que poderia ser uma extrema perturbação emocional ou simplesmente mera criatividade narrativa: "Eles disseram que providenciariam o aborto, mas depois não deram a mínima para ela. Poderia continuar morando na casa esnobe deles em

Brentwood, mas eles não ligavam mais para o que ela fazia ou deixava de fazer. E por ela tudo bem. Seu pai tinha um temperamento difícil, mas isso demonstrava que eles gostavam muito de sua única filha. Agora, eles nem sequer se importavam mais. Quintana poderia levar a vida como bem quisesse".

Neste ponto, o fragmento desliza para uma conclusão abrupta. "Nas páginas seguintes vocês vão descobrir por que e como Quintana morreu e seus amigos se tornaram completos viciados aos dezoito anos de idade."

Assim terminava o romance que ela estava escrevendo só para nos mostrar.

Mostrar-nos o quê?

Mostrar-nos que podia escrever um romance?

Mostrar-nos por que e como ela morreria?

Mostrar-nos qual reação ela acreditava que teríamos?

Agora, eles nem sequer se importavam mais.

Não.

Ela não tinha ideia do quanto precisávamos dela.

Como podíamos ter entendido uns aos outros tão mal assim?

Teria ela escolhido escrever um romance só porque escrevíamos romances? Teria sido essa mais uma obrigação sobre seus ombros? Teria ela sentido aquilo como um temor? Teríamos nós?

O que se segue são minhas anotações sobre um personagem que, anos antes, populava os pesadelos dela, um visionário a quem ela chamava de Homem Partido e que descrevia com tanta frequência e com tantos detalhes perturbadores, que muitas vezes eu me sentia levada a ir checar a varanda diante das janelas de seu quarto no segundo andar. "Ele usa uma camisa azul, como um desses caras que fazem consertos", ela me dizia repetidamente. "De mangas curtas. O nome dele está sempre na camisa. Do lado direito. Ele se chama David, Bill, Steve, um desses nomes comuns. Eu diria que esse homem tem de 50 a 59 anos. Boné como um do Dodgers, azul-marinho, escrito *GULF*. Cinto marrom, calças azul-marinho, sapatos pretos superbrilhantes. E ele fala comigo em uma voz bem grave: *Olá, Quintana. Vou trancar você aqui na garagem.* Depois que cheguei aos cinco anos, nunca mais sonhei com ele."

David, Bill, Steve, um desses nomes comuns?

O nome sempre na camisa? Do lado direito?

Boné como um do Dodgers, azul-marinho, escrito *GULF*?

Depois que ela fez cinco anos nunca mais sonhou com ele?

Foi quando ela disse "Eu diria que esse homem tem de 50 a 59 anos" que percebi que meu medo do Homem Partido era tão inquestionável quanto o dela.

9

SOBRE ESSA questão do medo.

Quando comecei a escrever estas páginas, pensei que seu tema fosse filhos, os que temos e os que gostaríamos de ter, a maneira como dependemos de que nossos filhos dependam de nós, a maneira como os estimulamos a continuarem crianças, a maneira como eles permanecem mais desconhecidos para nós do que para seus conhecidos mais casuais; a maneira como permanecemos igualmente opacos para eles.

A maneira como, por exemplo, escrevemos romances "só para mostrar" uns para os outros.

A maneira como nossos investimentos uns nos outros permanecem sobrecarregados a ponto de não conseguirmos enxergar o outro claramente.

A maneira como nem nós nem eles podemos conceber a morte ou a doença ou mesmo o envelhecimento do outro.

À medida que as páginas iam avançando, ocorreu-me que seu verdadeiro tema não era, afinal, os filhos, ou pelo menos não os filhos em si, ou pelo menos não os filhos enquanto filhos: seu verdadeiro assunto era essa recusa de sequer lançar-se a tal contemplação, esse fracasso de enfrentar as certezas do envelhecimento, da doença, da morte.

Esse medo.

Somente quando as páginas avançaram ainda mais foi que compreendi que os dois assuntos eram o mesmo.

Quando falamos de mortalidade estamos falando dos nossos filhos.

Olá, Quintana. Vou trancar você aqui na garagem.

Depois que cheguei aos cinco anos, nunca mais sonhei com ele.

Depois que ela nasceu, nunca mais não senti medo.

Eu tinha medo de piscinas, fios de alta tensão, soda cáustica embaixo da pia, aspirina no armário de remédios, do próprio Homem Partido. Tinha medo de cascavéis, correntezas, deslizamentos de terra, estranhos à porta de casa, febres inexplicáveis, elevadores sem ascensoristas e corredores de hotel vazios. A fonte do medo era óbvia: o mal que poderia acontecer com ela. A questão: se nós e nossos filhos pudéssemos de fato enxergar uns aos outros claramente, será que o medo desapareceria? Será que o medo desapareceria para ambos, ou desapareceria apenas para mim?

10

ELA NASCEU NA primeira hora do terceiro dia de março de 1966, no Hospital St. John's, em Santa Monica. Fomos informados de que poderíamos adotá-la no fim da tarde daquele mesmo dia, 3 de março, quando Blake Watson, o obstetra que fez o parto, telefonou para a casa na Portuguese Bend onde então morávamos, a uns oitenta quilômetros de Santa Monica, no litoral. Eu estava tomando uma chuveirada e caí no choro quando John entrou no banheiro para comunicar o recado de Blake Watson. "Tenho uma menininha linda no St. John's", foi o que ele disse. "Preciso saber se vocês a querem." A mãe, informou ele, era de Tucson e havia ficado algum tempo com parentes na Califórnia até o nascimento da criança. Uma hora depois, estávamos diante da vidraça do berçário no St. John's olhando para uma recém-nascida com cabelo escuro desgrenhado e carinha de botão de rosa. Escrito nas pulseiras em seu pulso estava não o seu nome, mas "SI", sigla para "Sem Informações", que era a resposta do hospital para quaisquer perguntas que pudessem ser feitas a respeito de um bebê colocado para adoção. Uma das enfermeiras havia prendido um lacinho no cabelo escuro desgrenhado. "Não quero *aquele* bebê", repetiria John para ela vezes sem conta nos anos seguintes, recriando a cena do berçário, a recomendada narrativa da "escolha", o momento em que, de todos os bebês do berçário, nós a havíamos escolhido. "Nem *esse*... e sim *aquele bebê*. O bebê de lacinho."

"Conta a história *daquele bebê*", ela repetiria em resposta, um presente para nós, em aprovação à nossa sábia decisão de optar pela recomendada narrativa da escolha. A narrativa da escolha deixou de ser privilegiada pelos profissionais dos serviços de assistência a crianças, mas estávamos em 1966. "Conta de novo. Conta a história do bebê de lacinho."

E depois: "Conta a parte do dr. Watson telefonando". Blake Watson já era um personagem folclórico desse recital.

E em seguida: "Conta a parte do chuveiro".

Até a chuveirada tinha se tornado parte da recomendada narrativa da escolha.

Dia 3 de março de 1966.

Depois que saímos do Hospital St. John's naquela noite, paramos em Beverly Hills para contar a novidade ao irmão de John, Nick, e a sua esposa, Lenny. Ela se ofereceu para irmos à Saks de manhã comprar um enxoval, tirando gelo de um balde de cristal para preparar drinques comemorativos. Preparar drinques comemorativos era o jeito de a nossa família registrar qualquer ocasião fora do comum, ou mesmo comum. Pensando em retrospecto, todos nós bebíamos mais do que precisávamos, mas isso não passava pela nossa cabeça em 1966. Somente quando li minha ficção inicial, em que alguém estava sempre preparando um drinque no andar de baixo cantando "Big Noise blew in from Winnetka", foi que me dei conta do quanto bebíamos e de quão pouco pensávamos a respeito. Lenny acrescentou mais gelo ao meu copo e levou o balde de cristal até a cozinha para um refil. "Melhor a Saks, porque se você gasta oitenta dólares eles dão o berço de vime de presente", ela acrescentou enquanto saía.

Apanhei o copo e o pousei sobre a mesa.

Eu não tinha pensado na necessidade de um berço de vime.

Não tinha pensado na necessidade de um enxoval.

O bebê com cabelo escuro desgrenhado tinha ficado no St. John's para passar aquela noite e as duas seguintes no berçário, e em todas aquelas noites acordei em algum momento na casa em Portuguese Bend com o mesmo calafrio, ouvindo as ondas quebrando nas rochas lá embaixo, sonhando que eu a havia esquecido, que eu a deixara dormindo dentro da gaveta, que tinha ido ao centro da cidade para jantar ou pegar um cinema e não tomara nenhuma providência em relação à recém-nascida que podia, naquele exato momento, estar despertando sozinha e com fome dentro da gaveta em Portuguese Bend.

Sonhando, em outras palavras, que eu falhara.

Ganhara um bebê e falhara em cuidar bem dele.

Quando pensamos em adotar uma criança, ou, aliás, em ter um filho em geral, enfatizamos o aspecto da "bênção".

Omitimos o instante do calafrio repentino, do "e se", da queda livre em determinado fracasso.

E se eu falhar em cuidar bem desse bebê?

E se esse bebê não se desenvolver bem? E se esse bebê não me amar?

E em algo pior ainda, muito pior, tão pior que beira o impensável, exceto que pensei nisso, todos que um dia ansiaram por trazer um bebê para casa pensam nisso: *e se eu não amar esse bebê?*

Dia 3 de março de 1966.

Até o momento em que Lenny mencionou o enxoval, tudo havia acontecido rápido demais. Até o enxoval, tudo parecia normal, despreocupado, até, nada diferente das malhas da Jax e dos tubinhos de algodão estampado da Lilly Pulitzer que todos nós estávamos usando naquele ano: no fim de semana do Ano-Novo de 1966, eu e John tínhamos ido para Cat Harbor, no extremo da ilha Catalina, no barco de Morty Hall, que era casado com Diana Lynn, amiga próxima de Lenny. Em algum momento no barco naquele fim de semana (dado o rumo daquela excursão, provavelmente em algum momento em que estávamos tomando, ou pensando em tomar, ou preparando, ou pensando em preparar um drinque), mencionei a Diana que eu estava tentando engravidar. Diana disse que eu deveria procurar Blake Watson. Ele tinha feito o parto dos quatro filhos dela com Morty. Blake Watson também tinha feito o parto da filha adotiva de Howard e Lou Erskine, velhos amigos de Nick e Lenny (Howard tinha estudado na Williams com Nick), que por acaso estavam no barco naquele fim de semana. Talvez porque os Erskine estivessem ali, ou porque eu havia mencionado que desejava engravidar, ou porque todos nós tínhamos tomado drinques demais, o tópico da adoção entrou em pauta. A própria Diana, ao que parece, tinha sido adotada, mas essa informação só lhe foi revelada quando ela fez 21 anos e se tornou necessário, por algum motivo financeiro, que ela o soubesse. A forma como seus pais adotivos lidaram com a situação foi revelar o segredo para o agente de Diana (o que não parecera estranho naquela época). A forma como o agente de Diana lidara com a situação foi levando-a para almoçar no Beverly Hills Hotel (o que tampouco parecera estranho na época). Diana recebeu a notícia no Polo Lounge. Ela se lembrava de ter saído correndo até as buganvílias que circundavam os bangalôs, aos berros.

Foi isso.

Entretanto, na semana seguinte procurei Blake Watson.

Quando ele nos telefonou do hospital e perguntou se queríamos a linda menininha que estava ali, não houve hesitação: nós a queríamos. Quando nos perguntaram no hospital que nome daríamos para a linda menininha que estava ali, não houve hesitação: nós lhe daríamos o nome de Quintana Roo. Tínhamos visto aquele nome em um mapa quando visitamos o México poucos meses antes e prometemos um ao outro que, se um dia tivéssemos uma filha (pura especulação sonhadora, não existia filha alguma no horizonte próximo), ela se chamaria Quintana Roo. O lugar no mapa chamado Quintana Roo ainda não era um estado, e sim um território.

O lugar no mapa chamado Quintana Roo ainda era frequentado basicamente por arqueólogos, herpetologistas e bandidos. A instituição que se tornou lugar de veraneio em Cancún ainda não existia. Não havia voos promocionais. Não havia nenhum Club Med.

O lugar no mapa chamado Quintana Roo ainda era uma terra desconhecida.

Tal como a recém-nascida no berçário do St. John's.

L'adoptada, foi como ela passou a ser chamada no seio do lar. A adotada.

M'ija também. Minha filha.

A adoção, eu iria descobrir, embora não imediatamente, é algo difícil de compreender.

Enquanto conceito, até mesmo o que era então a narrativa mais amplamente aprovada trazia consigo uma má notícia: se alguém "escolheu" você, o que isso lhe diz?

Isso não lhe diz que você estava disponível para ser "escolhido"?

Isso não lhe diz, ao fim e ao cabo, que só existem duas pessoas no mundo?

Aquela que "escolheu" você?

E aquela que não?

Estaríamos começando a entender como a palavra "abandono" poderia ter entrado nesse quadro? Será que não nos esforçamos, talvez, para evitar tal abandono? Não poderiam esses esforços ser caracterizados como "desespero"? Desejamos nos perguntar o que se segue a isso? Precisamos nos perguntar que palavras nos vêm em seguida à mente? Não seria "medo" uma dessas palavras? E "ansiedade", outra?

Do modo como eu via as coisas até então, terra desconhecida significava livre de complicações.

Que a terra desconhecida pudesse apresentar suas próprias complicações era algo que jamais havia me passado pela cabeça.

11

No dia em que a adoção dela foi formalmente legalizada, uma tarde quente de setembro de 1966, nós a levamos do tribunal, no centro de Los Angeles, para almoçar no The Bistro, em Beverly Hills. No tribunal ela fora o único bebê disponível para adoção; os outros adotados em potencial daquele dia eram todos adultos, que solicitavam poder adotar uns aos outros por causa de uma ou outra questão tributária. Previsivelmente, no The Bistro ela também era o único bebê. *Qué hermosa*, arrulhavam os garçons. *Qué chula.* Eles nos ofereceram o sofá de canto, comumente reservado para Sidney Korshak, um gesto de importância muito claro para quem morava naquela comunidade em particular naquela época em particular. "Basta um sinal de Korshak e troca-se a administração do Teamsters", escreveria mais tarde o produtor Robert Evans a fim de explicar quem era Sidney Korshak. "Um sinal de Korshak, e fecha-se Vegas. Um sinal de Korshak, e imediatamente os Dodgers podem jogar beisebol à noite." Os garçons colocaram o moisés dela sobre a mesa entre nós. Ela estava usando um vestido de organza azul e branco de bolinhas. Ainda não tinha sete meses. No meu entendimento, aquele almoço no sofá reservado de Sidney Korshak no The Bistro era o final feliz da narrativa da escolha. Tínhamos escolhido e a linda menininha tinha aceitado nossa escolha. Nenhum pai biológico dera as caras no tribunal e exercera seu direito legal absoluto sob as leis da Califórnia relativas à adoção de simplesmente dizer: "Não, ela é minha, eu a quero de volta".

A questão, como eu preferia enxergá-la, estava agora encerrada.

O medo desaparecera.

Ela era nossa.

O que eu só compreenderia dali a alguns anos é que jamais fui a única pessoa na casa a sentir medo.

E se vocês não tivessem atendido o telefone quando o dr. Watson ligou, ela perguntaria de repente. *E se vocês não estivessem em casa? E se não pudessem ter ido encontrar o dr. Watson no hospital? E se tivesse acontecido um acidente na rodovia, o que teria acontecido comigo?*

Como eu não tinha respostas adequadas para essas perguntas, eu me recusava a levá-las em consideração.

Ela as levava em consideração.

Ela vivia com elas.

Mas, depois, não mais.

"Você tem suas recordações maravilhosas", disseram as pessoas mais tarde, como se recordações fossem um consolo. Não são. Recordações referem-se por definição a tempos passados, coisas passadas. Recordações são os uniformes da Westlake no armário, as fotos desbotadas e marcadas, os convites de casamento de gente que já não está mais casada, cartões de missas de corpo presente de pessoas cujos rostos você não se lembra mais. Recordações são aquilo que você não deseja mais recordar.

12

SIDNEY KORSHAK *morre aos 88 anos; famoso advogado da máfia de Chicago.*

Assim dizia a manchete do obituário de Sidney Korshak no *New York Times* quando ele morreu em 1996. "O fato de Sidney Korshak jamais ter sido indiciado, apesar das repetidas investigações federais e estaduais, foi um tributo ao seu sucesso", continuava o obituário. "E a crença disseminada de que ele de fato cometeu os crimes que as autoridades jamais conseguiram provar tornaram-no aliado indispensável de produtores de Hollywood, executivos corporativos e políticos."

Trinta anos antes, Morty Hall declarara que, por princípio, ele e Diana se recusariam a pôr os pés em qualquer festa oferecida por Sidney Korshak.

Eu me lembro de Morty e Diana envolvidos certa noite em uma discussão acalorada durante o jantar sobre essa questão completamente hipotética.

Morty e Diana e a discussão acalorada durante o jantar sobre se recusar ou não a pôr os pés em uma festa oferecida por Sidney Korshak são, sou obrigada a concluir, aquilo a que as pessoas se referem quando mencionam minhas recordações maravilhosas.

Recentemente vi Diana em um comercial antigo, uma dessas curiosidades que aparecem no YouTube. Vestida com uma estola clara de visom e debruçada sobre o capô de um Olds 88. Com sua voz sedutora, ela apresenta o Olds 88 como "o espetáculo mais incrível que eu conheço". O Olds 88 então começa a conversar com Diana, mencionando seu "motor de propulsão" e sua "transmissão automática". Diana se envolve na estola clara de visom. "Isso é *demais*", responde ela ao Olds 88, novamente com a voz sedutora.

Agora me ocorre que a Diana no comercial do Olds 88 não parece alguém que necessariamente se recusaria a pôr os pés em uma festa oferecida por Sidney Korshak.

Também me ocorre que ninguém que hoje topa com esse comercial do Olds 88 no YouTube saberia quem foi Sidney Korshak, ou mesmo quem foi Diana, ou mesmo o que era um Olds 88.

O tempo passa.

Diana agora está morta. Ela morreu em 1971, aos 45 anos de idade, de um derrame cerebral.

Desmaiou durante uma prova de figurino para o filme que começaria a rodar dali a alguns dias, *Play It as It Lays*, para o qual eu e John havíamos escrito o roteiro. Seu papel era o terceiro mais importante, depois dos de Tuesday Weld e Anthony Perkins, e ela foi substituída por Tammy Grimes. A última vez que a vi foi na UTI do Cedars-Sinai em Los Angeles. Lenny e eu tínhamos ido visitá-la. A vez seguinte em que eu e Lenny pisamos em uma UTI do Cedars juntas foi para visitar a filha dela com Nick, Dominique, que fora estrangulada diante de sua casa em Hollywood. "Ela parece ainda pior do que Diana", Lenny sussurrou quando vimos Dominique, sua respiração cortada tão repentinamente que mal consegui ouvi-la. Eu sabia o que Lenny queria dizer. Lenny queria dizer que Diana não havia sobrevivido. Lenny queria dizer que Dominique não iria sobreviver. Eu sabia disso — imagino que sabia desde o momento em que o policial que telefonou identificou-se como sendo do setor de "Homicídios" —, mas não queria ouvir isso de ninguém. Encontrei por acaso uma das filhas de Diana poucos meses atrás, em Nova York. Almoçamos juntas. Ela lembrou que na última vez que nos vimos Diana ainda estava viva e morando em Nova York, e eu levara Quintana para brincar com as filhas dela. Prometemos manter contato. Enquanto eu voltava para casa, ocorreu-me que eu tinha visto gente demais pela última vez em uma UTI.

13

TUDO TEM SEU *tempo determinado.*

Eclesiastes, sim, mas penso primeiro em "Turn Turn Turn", do The Byrds.

Penso primeiro em Quintana Roo sentada no piso de madeira de lei da casa na Franklin Avenue e nos ladrilhos de terracota da casa em Malibu escutando The Byrds no toca-fitas de oito pistas.

The Byrds e The Mamas and the Papas, "Do You Wanna Dance?".

"Eu quero dançar", cantava ela junto com o gravador.

Tudo tem seu tempo determinado. *Eu sentiria saudade das estações definidas*, gostam de dizer as pessoas de Nova York para indicar o extremo orgulho que sentem em não morar no sul da Califórnia. A bem da verdade, o sul da Califórnia tem estações definidas: tem por exemplo "a estação do incêndio", ou "a estação em que o incêndio vem", e tem também a "estação da chuva", mas tais estações do sul da Califórnia, por chegarem tão teatralmente que mais parecem golpes do destino, não sugerem a passagem inexorável do tempo. As outras estações, as que são valorizadas na Costa Leste, sim. As estações no sul da Califórnia sugerem violência, mas não necessariamente morte. As estações em Nova York — a queda incansável das folhas, o escurecimento contínuo dos dias, as próprias noites azuis — sugerem apenas a morte. Para mim houve o tempo determinado de ter uma filha. Essa estação passou. Ainda não localizei o tempo em que não a escuto cantando junto com o toca-fitas de oito pistas.

Ainda a escuto.

Eu quero dançar.

Da mesma maneira que vejo as flores-de-noiva em sua trança, a tatuagem de jasmim-manga por baixo de seu véu.

Há outra coisa que ainda consigo ver do dia de seu casamento na St. John the Divine: as solas vermelho-vivo de seus sapatos.

Ela estava usando sapatos Christian Louboutin de cetim claro com solas vermelho-vivo.

Dava para vê-las quando ela se ajoelhou diante do altar.

14

ANTES DE ELA NASCER, estávamos planejando uma viagem para Saigon.

Tínhamos matérias acertadas com revistas, tínhamos credenciais, tínhamos todo o necessário.

Inclusive, subitamente, um bebê.

Aquele ano, 1966, durante o qual a presença militar dos Estados Unidos no Vietnã alcançaria a marca dos quatrocentos mil soldados e os B-52s americanos começaram a bombardear o norte do país, não era considerado o ano ideal para levar um recém-nascido para o Sudeste Asiático. No entanto, jamais me ocorreu abandonar ou fazer ajustes no plano. Cheguei a comprar o que imaginava que precisaríamos: vestidos de linho em cores pastel da Donald Brooks para mim, uma sombrinha florida da Porthault para proteger o bebê do sol, como se ela e eu estivéssemos prestes a embarcar em um voo da Pan Am e desembarcar em *Le Cercle Sportif*.

No fim, essa viagem a Saigon acabou não acontecendo, embora seu cancelamento não tenha se dado absolutamente pelo que deveria ser o motivo mais óbvio. Nós a cancelamos porque John precisava terminar o livro que fora contratado para escrever sobre César Chávez e sua Associação Nacional dos Trabalhadores de Fazendas e a greve da uva de DiGiorgio em Delano, e menciono Saigon unicamente para sugerir a extensão das minhas concepções equivocadas sobre o que poderia de fato envolver ter um filho, que dirá adotar um.

Como eu poderia não ter concepções equivocadas?

Um bebê perfeito foi entregue a mim, do nada, no Hospital St. John's em Santa Monica. Ela não poderia se parecer mais com o bebê que eu queria. Para começo de conversa, era linda. *Hermosa, chula.* Desconhecidos me paravam na rua para dizer isso. "Tenho uma linda menininha no St. John's", dissera Blake Watson, e era verdade. Todos enviaram vestidos, em homenagem à linda menininha. Lá estavam os vestidos no armário dela, sessenta ao todo (eu os contava, vezes sem conta), fiapinhos de cambraia e de tecidos da Liberty pendurados em minicabides de madeira. Os minicabides de madeira também foram um presente à linda menininha, outra homenagem de seus parentes instantaneamente adquiridos, seus tios, tias e primos de West Hartford (do lado de John) e de Sacramento (do meu) enfeitiçados por ela. Eu me lembro de ter trocado seu vestido quatro vezes na tarde que a assistente social do Estado da Califórnia fez sua visita obrigatória para observar a candidata à adoção no ambiente do lar.

Sentamos no gramado.

A candidata à adoção brincava aos nossos pés.

Não mencionei à assistente social que, até recentemente, a viagem a Saigon figurava no futuro da candidata.

Tampouco que os itinerários atuais exigiam que ela em vez disso residisse temporariamente no Starlight Motel, em Delano.

Arcelia, que limpava a casa e lavava os fiapinhos de cambraia, estava ocupada regando as plantas, como previsto.

"Como previsto" porque eu havia preparado Arcelia para a visita.

A ideia de um encontro não ensaiado entre Arcelia e a assistente social do Estado da Califórnia tinha sido um motivo de preocupação desde o início, cenários imaginários que me mantinham desperta às quatro da manhã e que só se multiplicavam à medida que se aproximava a data da visita: e se a assistente social percebesse que Arcelia só falava espanhol? E se a assistente social por acaso mencionasse a questão dos documentos de Arcelia? O que a assistente social incluiria em seu relatório se adivinhasse que eu estava encarregando o bebê perfeito aos cuidados de uma estrangeira sem documentação?

A assistente social fez um comentário, em inglês, a respeito do tempo bom.

Fiquei tensa, temendo uma armadilha.

Arcelia sorriu, beatífica, e continuou aguando as plantas.

Relaxei.

Nesse momento, Arcelia, já não mais beatífica e sim dramática, atirou a mangueira pelo gramado e apanhou Quintana no colo, berrando: "Víbora!".

A assistente social, que morava em Los Angeles, deveria saber o que significava *víbora*. *Víbora* em Los Angeles significava cobra, e cobra em Los Angeles significava cascavel. Eu estava relativamente certa de que a cascavel era uma fantasia, mas, apesar disso, conduzi Arcelia e Quintana para dentro, depois voltei-me para a assistente social. É uma brincadeira, menti. Arcelia finge que vê uma cobra. Todos rimos. Porque a senhora está vendo. Não há cobra nenhuma.

Não poderia haver cobra nenhuma no jardim de Quintana Roo.

Somente mais tarde percebi que eu a estava criando como se fosse uma boneca.

Ela nunca poderia me culpar por isso.

Ela veria isso como uma reação lógica ao fato de ela me ter sido entregue, do nada, no Hospital St. John's em Santa Monica, a menininha linda em pessoa. Em casa, depois do seu batizado na igreja católica St. Martin of Tours em Brentwood, servimos sanduíches de agrião e champanhe e, mais tarde, para os que ainda estavam ali por volta da hora do jantar, frango frito. A casa que estávamos alugando naquela primavera pertencia a Sara Mankiewicz, a viúva de Herman Mankiewicz, que estava viajando por seis meses. Embora ela tivesse guardado a louça que não desejava que usássemos junto com o Oscar que Herman Mankiewicz ganhara por *Cidadão Kane* (vocês receberão amigos, dissera ela, eles vão ficar bêbados, vão querer brincar com a estatueta), deixara de fora seus pratos de jantar da Minton, com a mesma padronagem dos ladrilhos que ladeiam a arcada sul da Fonte Bethesda no Central Park, para que eu usasse. Eu não havia usado os pratos da Minton antes do batizado, mas os coloquei na mesa do bufê naquela noite para servir o frango frito. Eu me lembro de Diana comendo uma asa de frango em um deles, uma folhinha de alecrim a única mancha em sua manicure de outro modo perfeita. O bebê perfeito dormia com um de seus dois longos vestidos brancos de batizado (ela tinha dois longos vestidos brancos de batizado, porque ganhara dois longos vestidos brancos de batizado, um de cambraia, o outro de linho, outra homenagem) no berço de vime da Saks. O irmão de John, Nick, tirou fotos. Olho para essas fotos agora e fico impressionada com a quantidade de mulheres vestindo terninhos Chanel e pulseiras da David Webb e fumando cigarros. Aquela foi uma época da minha vida em que realmente acreditei, em algum momento entre fritar o frango para servir nos pratos da Minton de Sara Mankiewicz e comprar a sombrinha da Porthault para proteger a menininha linda em Saigon, que eu havia coberto os principais quesitos da "maternidade".

15

HÁ UM MOTIVO para eu ter contado sobre Arcelia e os sessenta vestidos.

Ao fazer isso, eu estava ciente de que certo número de leitores (mais do que alguns poderiam pensar, menos do que os menos caridosos entre vocês pensariam) interpretaria essa informação aparentemente casual (ela vestia o bebê com roupas que necessitavam ser lavadas e passadas, ela contava com uma ajudante em casa para executar tais serviços de lavar e passar) como evidência de que Quintana não teve uma infância "normal", de que ela era "privilegiada".

Eu gostaria de deixar isso claro.

Infâncias "normais" em Los Angeles com frequência envolvem pessoas que falam espanhol, mas não vou argumentar isso.

Tampouco argumentarei se ela teve uma infância "normal" ou não. Não tenho muita certeza se alguém já teve uma "infância normal" de verdade.

"Privilégio" é outra coisa.

"Privilégio" é um julgamento.

"Privilégio" é uma opinião.

"Privilégio" é uma acusação.

"Privilégio" continua sendo algo que, quando penso naquilo que ela teve que suportar, quando considero o que veio depois, não vou admitir abertamente.

Olho novamente para as fotos que Nick tirou do batismo.

Na verdade, a tarde em que aquelas fotografias foram feitas, a tarde em St. Martin of Tours e na casa de Sara Mankiewicz, a tarde em que Quintana usou os dois vestidos de batizado e eu um dos vestidos de linho em tom pastel da Donald Brooks que eu comprara com a ideia equivocada de que seriam necessários em Saigon, jamais foi o que considerei seu "verdadeiro" batismo. (Uma pergunta: você chamaria de "privilégio" comprar vestidos de linho em tons pastel para usar em Saigon? Ou chamaria de estupidez?) Seu "verdadeiro" batismo acontecera em uma pia azulejada na casa em Portuguese Bend, alguns dias depois de a levarmos para casa do berçário do Hospital St. John's em Santa Monica. John mesmo a havia batizado, e só me contou depois de tê-lo feito.

Eu me lembro de certa atitude defensiva em relação a esse assunto.

O que ele disse ao me contar não foi algo exatamente na linha do: "Achei que poderíamos batizar o bebê, o que você acha?".

O que ele me disse ao me contar foi mais na linha do: "Acabei de batizar o bebê, quer você goste ou não".

Aparentemente ele tinha ficado preocupado porque o batismo que eu marcara em St. Martin of Tours só aconteceria dali a dois meses.

Ao que parece, ele não desejava arriscar consignar nosso bebê ainda não batizado ao limbo.

Eu sabia por que ele não me contara nada antes do fato consumado.

Ele não me contara nada porque eu não era católica e ele imaginou que eu pudesse fazer alguma objeção.

De nós dois, entretanto, era eu que considerava aquele dia na pia azulejada como sendo o do "verdadeiro" batismo.

O outro batismo, o batismo em que as fotos foram tiradas, foi o batismo "decorativo".

Certos rostos saltam aos meus olhos daquelas fotografias.

Connie Wald, vestida com um dos vários terninhos Chanel em evidência naquela tarde, no seu caso um de tweed azul e creme com barra de seda rosa cíclame. Foi Connie quem deu a Quintana um dos dois longos vestidos brancos que ela usou na igreja e depois. Até os noventa anos, quando desenvolveu uma neuropatia, Connie nadou todos os dias de sua vida. Ela interrompeu sua rotina de voltas diárias na piscina e parou de dirigir seu Rolls-Royce antigo pelas ruas de Beverly Hills, mas, salvo isso, continuou levando a vida exatamente como antes. Ainda usava os mesmos vestidos Claire McCardell que ganhara quando era modelo da McCardell, na década de 1940. Ainda oferecia dois ou três jantares por semana, preparados pessoalmente, misturando jovens e velhos de maneira que lisonjeava todos os presentes, acendia a imensa lareira em sua biblioteca e enchia as mesas de amêndoas salgadas e jarros repletos de nastúrcios e as rosas que ela mesma ainda cultivava. Connie fora casada com o produtor Jerry Wald, que diziam ter sido a inspiração para Sammy Glick em *What Makes Sammy Run* e que morrera poucos anos antes de eu conhecê-la. Certa vez, ela me contou sobre as seis semanas que passou em Nevada para conseguir o tempo de residência necessário para pedir o divórcio de seu antigo marido e casar-se com Jerry Wald. Ela não passou aquelas seis semanas em Las Vegas porque Las Vegas, como a conheceríamos mais tarde, ainda não existia exatamente. Ela passou as seis semanas a mais de trinta quilômetros de Las Vegas, em Boulder City, que tinha sido construída pelo Departamento de Recuperação para servir de canteiro de obras para a represa Hoover, e onde tanto a sindicalização quanto a jogatina eram proibidas por lei. Perguntei o que ela encontrara para fazer durante seis semanas em Boulder City. Ela disse que Jerry tinha lhe dado um cachorro, com quem ela passeava, todos os dias, pelas ruas idênticas repletas com as casas térreas construídas pelo governo que constituíam Boulder City, e depois atravessava até o outro lado da represa. Eu me lembro de que aquela história me pareceu a mais intrépida que eu já tinha ouvido sobre como alguém conseguiu ou não permanecer em Las Vegas, um tema que não era de todo deficiente em histórias intrépidas.

Diana.

Diana Lynn, Diana Hall.

O rosto dela é outro que me salta aos olhos das fotografias tiradas naquele dia.

Na foto ela está segurando uma taça flûte de champanhe e fumando um cigarro. Penso, ao olhar sua foto, que foi Diana quem tornou aquele dia possível. Foi Diana quem chamou minha atenção para o assunto da adoção naquele fim de semana de Ano-Novo no barco de Morty. Foi Diana quem mencionou Blake Watson, foi Diana quem intuiu o quão profundamente eu precisava de Quintana. Foi Diana quem mudou a minha vida.

16

ALGUNS DE NÓS SENTEM uma necessidade dominadora de ter um filho, outros, não. Isso me ocorreu de forma um tanto repentina quando eu tinha vinte e poucos anos e trabalhava na *Vogue*, uma onda avassaladora. Quando essa onda me atingiu, passei a ver bebês aonde quer que fosse. Seguia seus carrinhos pelas ruas. Recortava fotos de revistas e as colava com fita adesiva na parede ao lado da minha cama. Eu adormecia pensando neles: imaginando que eu os segurava, imaginando a penugem em suas cabeças, imaginando os pontos macios em suas têmporas, imaginando o modo como seus olhos se dilatam quando olhamos para eles.

Até então a gravidez não passara de um temor, um acidente a ser evitado a todo custo.

Até então eu não sentira nada além de alívio quando, a cada mês, eu menstruava. Se a menstruação atrasasse um dia sequer, eu saía do meu escritório na *Vogue* e, em busca de confirmação imediata de que não estava grávida, procurava o meu médico, um clínico-geral do Columbia Presbyterian que tinha se tornado conhecido como "o médico da *Vogue*", pois sua sogra fora editora-chefe da revista e o consultório dele estava sempre aberto a seus funcionários ansiosos. Eu me lembro de sentar na sala de exames do seu consultório na East 67th Street certa manhã aguardando os resultados do teste de BhCG mais recente que eu lhe implorara para fazer. Ele entrou na sala assobiando, e se pôs a borrifar as plantas do peitoril da janela.

O teste, lembrei.

Ele continuou borrifando as plantas.

Eu precisava saber o resultado, eu disse, porque estava de viagem marcada para passar o Natal na Califórnia. A passagem estava na minha bolsa. Abri a bolsa. Mostrei para ele.

"Talvez o que você precise seja não de uma passagem para a Califórnia", ele disse. "Talvez o que você precise seja de uma passagem para Havana."

Entendi aquilo corretamente como uma maneira consoladora e barroca dele de dizer que talvez eu precisasse fazer um aborto e que ele poderia me ajudar nesse sentido, porém minha reação imediata foi recusar veementemente a solução proposta: aquilo era loucura, estava fora de questão, estava fora de cogitação.

Eu não poderia ir a Havana.

Havia uma revolução acontecendo em Havana.

E, de fato, havia: era dezembro de 1958, dali a poucos dias Fidel Castro invadiria Havana.

Mencionei isso.

"Sempre há uma revolução acontecendo em Havana", o médico da *Vogue* retrucou.

Um dia depois, menstruei. E chorei a noite inteira.

Pensei que estivesse lamentando ter deixado passar a oportunidade interessante em Havana, mas a verdade é que a onda havia me atingido e eu estava lamentando não ter o bebê, o bebê ainda desconhecido, o bebê que eu um dia traria para casa do Hospital St. John's em Santa Monica. *E se vocês não estivessem em casa? E se não pudessem ter ido encontrar o dr. Watson no hospital? E se tivesse acontecido um acidente na rodovia, o que teria acontecido comigo?* Não muito tempo atrás, quando li o fragmento do romance escrito só para nos mostrar, o fragmento em que a protagonista acha que está grávida e escolhe lidar com a situação procurando seu pediatra, eu me lembrei daquela manhã na East 67th Street. *Agora, eles nem sequer se importavam mais.*

17

EXISTEM ALGUNS MOMENTOS daqueles primeiros anos com ela dos quais me lembro muito claramente.

Esses momentos muito claros se destacam, retornam, falam diretamente comigo, em alguns níveis me inundam de prazer e em outros ainda me partem o coração.

Eu me lembro claramente, por exemplo, que as primeiras transações dela envolviam o que ela chamava de "miudezas". Ela dava importância a essa palavra, que usava como sinônimo para "posses", mas que parecia derivar das "lojas de miudezas" dos muitos hotéis aos quais a tínhamos levado, alternando de modo entontecedor meninice e sofisticação. Um dia, depois que ela me pediu um pincel atômico, eu a encontrei rotulando uma caixa vazia como "gavetas", ou áreas destinadas a "miudezas" específicas. As "gavetas" que ela designara eram as seguintes: "Dinheiro", "Passaporte", "Minha Previdência", "Joias" e, por fim — eu descubro agora que mal consigo contar-lhes isso —, "Brinquedinhos".

Mais uma vez, a cuidadosa letra de fôrma.

Nunca conseguirei me esquecer daquela letra de fôrma.

A letra de fôrma que parte meu coração.

Outro momento não muito diferente, pensando bem: eu me lembro muito claramente da noite de Natal na casa da avó dela, em West Hartford, quando John e eu voltamos do cinema e a encontramos aninhada sozinha na escada que levava ao segundo andar. As luzes de Natal estavam apagadas, sua avó adormecida, todos na casa adormecidos, e ela aguardava pacientemente que voltássemos para casa para lidar com o que chamava de "um problema novo". Perguntamos o que era o problema novo. "Acabei de perceber que tenho câncer", ela disse, e puxou o cabelo para trás para mostrar o que ela julgava ser um tumor em seu couro cabeludo. Na verdade, era catapora, obviamente contraída na escolinha em Malibu e que somente agora aparecia, mas se fosse câncer ela teria preparado seu espírito para enfrentar o câncer.

Uma pergunta me ocorre:

Teria ela enfatizado o "novo" quando mencionou "um problema novo"?

Estaria ela sugerindo que havia também "problemas velhos", não detalhados, problemas com os quais no momento ela optara por não nos importunar?

Um terceiro exemplo: eu me lembro claramente da casinha de bonecas que ela construiu nas prateleiras de seu quarto na casa de praia. Ela trabalhou naquilo durante vários dias, depois de estudar uma casa improvisada semelhante em um velho exemplar da *House & Garden* ("A casinha de Muffet Hemingway" era como ela identificava o protótipo, seguindo a dica da manchete), mas aquela era a primeira vez que a mostrava. Aqui é a sala de estar, explicou ela, e ali a sala de jantar, e ali a cozinha, e ali o quarto.

Perguntei sobre uma prateleira sem decoração e aparentemente inalterada.

Aquilo, ela disse, seria a sala de projeção.

A sala de projeção.

Tentei assimilar isso.

Algumas pessoas que conhecíamos em Los Angeles de fato moravam em casas com salas de projeção, mas, até onde eu sabia, ela jamais tinha visto uma. Essas pessoas que moravam em casas com salas de projeção pertenciam à nossa vida "profissional". Ela, eu imaginava, pertencia à nossa vida "pessoal". Nossa vida "pessoal", como eu também imaginava, era separada, doce, inviolada.

Eu deixei essa distinção de lado e perguntei como ela planejava mobiliar a sala de projeção.

Haveria necessidade de uma mesa para o telefone de comunicação com o projetista, ela respondeu, depois parou para analisar a prateleira vazia.

"E para o que for preciso para o Dolby Sound", ela acrescentou.

Enquanto descrevo essas lembranças bastante claras, espanto-me com o que elas têm em comum: cada uma delas envolve uma tentativa dela de lidar com a vida adulta, de ser uma pessoa adulta convincente em uma idade em que ainda tinha o direito de ser uma criança. Ela podia falar sobre "minha previdência" e podia falar do "Dolby Sound" e que "acabara de perceber" que tinha câncer, podia telefonar para Camarillo para descobrir o que precisaria fazer caso estivesse ficando louca e para a Twentieth Century-Fox para descobrir o que precisaria fazer para ser uma estrela, mas ela não estava preparada para agir de acordo com as respostas que viesse a receber. Os "Brinquedinhos" ainda podiam ter importância equivalente. Ela ainda podia telefonar para seu pediatra.

Seria nossa culpa essa confusão em relação à sua posição no esquema cronológico das coisas?

Seria possível que exigíamos que ela fosse adulta?

Que lhe pedíamos para assumir responsabilidade antes que ela tivesse como?

Teriam nossas expectativas a impedido de agir como uma criança?

Eu me lembro de levá-la, quando ela tinha quatro ou cinco anos, até Oxnard para ver *Nicholas e Alexandra*. Na viagem de carro de volta para casa, ela se referiu ao tsar e à tsarina como "Nicky e Sunny", e disse, quando perguntei o que tinha achado do filme, "acho que vai fazer muito sucesso".

Em outras palavras, apesar de ela ter acabado de presenciar o que me parecera uma história verdadeiramente angustiante, uma história que apresentava tanto os pais quanto as crianças em um perigo impensável — perigo que, para as crianças, era mais impensável ainda, uma vez que sua fonte era o azar de ter nascido daqueles pais específicos —, ela tinha recorrido sem hesitar à resposta padrão local, que consistia em uma avaliação instantânea do potencial de audiência. De modo semelhante, alguns anos mais tarde, ela foi levada a Oxnard para ver *Tubarão*, filme a que assistiu horrorizada, e depois, enquanto eu descarregava o carro em Malibu, saiu correndo até a praia e mergulhou entre as ondas. Em relação a certas ameaças que eu considerava reais, ela mostrava-se destemida. Quando tinha oito ou nove anos e estava matriculada no Salva-Vidas Mirim, um programa dos salva-vidas do condado de Los Angeles que envolvia levar os participantes repetidamente até depois das ondas fortes da praia de Zuma em um bote salva-vidas e nadar de volta, John e eu fomos apanhá-la certa vez e encontramos a praia vazia. Por fim, nós a avistamos, sozinha, enrolada em uma toalha atrás de uma duna. Os salva-vidas, ao que parece, tinham insistido, "sem absolutamente nenhum motivo", em levar todos de volta para casa. Eu disse que algum motivo devia haver. "Foi só por causa dos tubarões", ela disse. Olhei para ela, que estava claramente desapontada, até um pouco enojada, impaciente com o rumo que as coisas tinham tomado naquela manhã. Ela encolheu os ombros. "Eram só tubarões-azuis", disse então.

Quando eu lembro das "miudezas", sou forçada a recordar dos hotéis onde ela se hospedou antes dos cinco ou seis ou sete anos. Eu disse "forçada a recordar" porque minhas imagens dela naqueles hotéis são enganosas. Por um lado, elas sobrevivem como as recordações mais próximas do paradoxo que ela foi — o da criança tentando não parecer criança, o da extenuação que ela sentia para fazer-se passar por um adulto convincente. Por outro lado, são exatamente essas imagens — as mesmas imagens — que levam a enxergá-la como "privilegiada", de certa maneira privada de uma infância "normal".

Aparentemente ela não tinha nada que estar naqueles hotéis.

O Lancaster, o Ritz e o Plaza Athénée, em Paris.

O Dorchester, em Londres.

O St. Regis e o Regency, em Nova York, e também o Chelsea. O Chelsea era para as viagens a Nova York em que as despesas eram por nossa conta. No Chelsea arrumavam um berço para ela no primeiro andar e John lhe trazia o café da manhã do White Tower, do outro lado da rua.

O Fairmont e o Mark Hopkins, em São Francisco.

O Kahala e o Royal Hawaiian, em Honolulu. "Para onde a manhã foi?", ela perguntava no Royal Hawaiian quando despertava, ainda no fuso horário continental, e via o horizonte escuro. "Imagine uma criança de cinco anos caminhando até o coral", ela dizia no Royal Hawaiian, deslumbrada, quando segurávamos sua mão e a balançávamos na beira-mar.

O Ambassador e o Drake, em Chicago.

Foi no Ambassador, no Pump Room à meia-noite, que ela comeu caviar pela primeira vez, o que foi um sucesso apenas em parte, pois ela passou a desejar comer caviar em todas as refeições depois disso e não entendia muito bem a diferença entre "despesas pagas" e "despesas por nossa conta". Ela estava por acaso no Pump Room à meia-noite porque a havíamos levado para o Chicago Stadium naquela noite para assistir a uma banda que estávamos acompanhando, Chicago, ensaiar para *Nasce uma estrela*. Ela tinha ficado sentada em um dos amplificadores durante o show, no palco. A banda tocara "Does Anybody Really Know What Time It Is", e "25 or 6 to 4". Ela se referiu à banda como "os meninos".

Depois que deixamos o Chicago Stadium com os meninos naquela noite, a multidão havia balançado o carro, o que a encantara.

Quando voltamos ao Ambassador, ela avisou que não queria ir para a casa da avó em West Hartford no dia seguinte. Queria ir para Detroit com os meninos.

Está aí o resultado de separar nossa vida "pessoal" da vida "profissional".

A verdade é que ela era inseparável da nossa vida profissional. Nossa vida profissional era o motivo de ela estar naqueles hotéis. Quando ela tinha cinco ou seis anos, por exemplo, nós a levamos conosco para Tucson, onde estavam sendo as filmagens de *Roy Bean, O homem da lei*. O Hilton Inn, onde a produção ficou hospedada, mandou uma babá para acompanhá-la enquanto assistíamos aos copiões. A babá pedira para ela conseguir o autógrafo de Paul Newman, mencionando um filho com deficiência. Quintana conseguiu o autógrafo, entregou-o à babá e depois caiu no choro. Nunca ficou claro para mim se ela estava chorando por causa do filho com deficiência ou por ter se sentido manipulada pela babá. Dick Moore era o diretor de fotografia de *Roy Bean, O homem da lei*, mas ela não parecia ter feito nenhuma conexão entre o Dick Moore que ela encontrou no Hilton Inn em Tucson e o Dick Moore que ela encontrava na nossa praia. Na nossa praia todos se sentiam em casa, tal como ela. O "trabalho" era um modo de vida que ela entendia profundamente. Quando ela tinha nove anos, eu a levei comigo em uma turnê literária que percorreu oito cidades: Nova York, Boston, Washington, Dallas, Houston, Los Angeles, São Francisco e Chicago. "O que você achou de nossos monumentos?", perguntou Katharine Graham para ela em Washington. Ela pareceu não entender nada, mas estava disposta a aprender. "Que monumentos?", perguntara com interesse, alheia ao fato de que a maioria das crianças que visitava Washington era levada ao Memorial de Lincoln em vez de ao National Public Radio ou ao *Washington Post*. A cidade de que ela mais gostou naquela turnê fora Dallas. A de que gostou menos foi Boston. Boston, ela reclamou, era "toda branca".

"Você quer dizer que não viu muitas pessoas negras em Boston?", sugeriu a mãe de Susan Traylor depois que Quintana voltou a Malibu e contou sobre a viagem.

"Não", Quintana respondeu, muito determinada nesse ponto. "Eu quis dizer que não é colorida."

Ela aprendeu a pedir costeletas de carneiro triplas pelo serviço de quarto naquela viagem.

Aprendeu a assinar o número de seu quarto para tomar Shirley Temples naquela viagem.

Se um carro ou entrevistador por acaso não aparecia no horário naquela viagem, ela sabia o que fazer: checar a agenda e "ligar para Wendy", que era a diretora de publicidade da Simon & Schuster. Ela sabia quais livrarias reportavam a quais listas de mais vendidos e sabia o nome dos principais compradores. Compreendia o que era um camarim e o que os agentes faziam. Sabia tudo isso porque antes dos quatro anos de idade, em um dia em que meu esquema de ajudante em casa caíra por terra, eu a levara para o escritório da William Morris em Beverly Hills. Eu conversara com ela antes, explicara que a reunião era sobre ganhar o dinheiro que pagava pelas costeletas triplas de carneiro do serviço de quarto, deixara-a bem alerta sobre a necessidade de não interromper nem perguntar quando podíamos ir embora. Essa preparação, no fim das contas, foi completamente desnecessária. Ela estava interessada demais para interromper. Aceitou o copo de água quando lhe ofereceram, conseguiu segurar o pesado copo de cristal Baccarat sem deixá-lo cair no chão, escutou atentamente, mas não disse uma palavra. Somente no fim da reunião foi que ela fez ao agente da William Morris a pergunta que pelo visto a estava consumindo: "Mas quando vocês vão dar o dinheiro para ela?".

Quando notávamos as confusões dela, pensávamos nas nossas?

Ainda guardo a caixa das "Miudezas" em meu closet, com as marcações feitas por ela.

18

Não conheço muitas pessoas que acreditam terem sido bem-sucedidas como pais. As que o fazem tendem a citar os sinais que indicam (o seu próprio) status: o diploma de Stanford, o MBA em Harvard, o verão na tradicional firma de advocacia de destaque no país. As menos inclinadas a elogiar suas habilidades como pais, ou seja, a maioria de nós, recitam rosários dos próprios fracassos, negligências, omissões e delinquências. A definição do que é ter sucesso como pai ou mãe sofreu uma transformação reveladora: costumávamos definir sucesso como a capacidade de estimular a criança a se preparar para a vida independente (adulta), de "criar" a criança, de deixá-la sair para o mundo. Se uma criança desejasse testar sua nova bicicleta no morro mais íngreme do bairro, poderia até haver algum aviso *pro forma* de que a descida do morro mais íngreme do bairro desembocava em um cruzamento de quatro pistas, mas tal aviso, como a independência era vista como o fim desejado, não chegava a ser recriminatório. Se uma criança escolhia envolver-se em alguma atividade que poderia terminar em maus bocados, tais possibilidades negativas poderiam quem sabe ser mencionadas uma vez, mas não duas.

Por acaso a minha infância foi durante a Segunda Guerra Mundial, o que significa que cresci em um contexto no qual se colocava ainda mais ênfase na independência do que o normal. Meu pai era oficial de finanças no Corpo Aéreo do Exército dos Estados Unidos. Durante os primeiros anos da guerra, minha mãe, meu irmão e eu o seguimos de Fort Lewis em Tacoma para a Duke University em Durham para Peterson Field em Colorado Springs. Não foi nenhum sofrimento, mas dada a superpopulação e o deslocamento que caracterizavam a vida perto das bases militares americanas em 1942 e 1943, tampouco foi uma infância protegida. Em Tacoma, tivemos sorte de conseguir alugar o que se chamava de quarto de pensão, mas que na verdade era um quarto grande com entrada independente. Em Durham, novamente moramos em um único quarto, dessa vez não grande nem com entrada independente, na casa de um pastor batista e sua família. Esse quarto em Durham vinha com "privilégios de uso da cozinha", o que na prática significava acesso ocasional à manteiga de maçã da família. Em Colorado Springs, moramos, pela primeira vez, em uma casa de verdade, uma casa térrea de quatro quartos perto de um hospital psiquiátrico, mas não chegamos a desfazer a mudança: não havia sentido em fazer isso, observou minha mãe, pois "ordens" — um conceito misterioso que eu aceitava de olhos fechados — poderiam chegar a qualquer momento.

Em cada um desses lugares era esperado que meu irmão e eu nos adaptássemos, déssemos um jeito, inventássemos uma vida e, ao mesmo tempo, aceitássemos que cada vida que inventávamos seria sumariamente destruída com a chegada das "ordens". Nunca ficou claro para mim quem dava as ordens. Em Colorado Springs, onde meu pai ficou por mais tempo do que ficara em Tacoma ou Durham, meu irmão explorou o bairro e fez amizades. Eu vagava pelo terreno do hospital psiquiátrico, registrando os diálogos que ouvia, e escrevia "histórias". Na época, não considerava isso uma alternativa inaceitável a viver em Sacramento e frequentar a escola (mais tarde ocorreu-me que, se eu tivesse ficado em Sacramento e frequentado a escola, talvez tivesse aprendido a subtrair, habilidade que até hoje não domino), mas se eu tivesse ficado não teria feito nenhuma diferença. Havia uma guerra acontecendo. Essa guerra não girava em torno nem dependia das vontades das crianças. Em troca por tolerarem tais duras verdades, as crianças tinham permissão para inventar as próprias vidas. A noção de que poderiam ser deixadas por conta própria — de que, na verdade, ficariam melhor assim — era inquestionável.

Depois que a guerra acabou e voltamos à nossa casa em Sacramento, a mesma abordagem *laissez-faire* continuou. Eu me lembro de ter tirado minha carteira de motorista provisória aos quinze anos e meio e de interpretar aquilo como uma autorização lógica para dirigir de Sacramento até Lake Tahoe depois do jantar, duas ou três horas subindo uma das rodovias tortuosas que ia até as montanhas e, se você simplesmente desse a volta e não parasse de dirigir, que era o que fazíamos, já que tínhamos tudo o que queríamos beber no próprio carro, duas ou três horas até voltar. Esse sumiço no coração de Sierra Nevada no que caracterizava direção embriagada tarde da noite passava sem nenhum comentário da parte de meus pais. Eu me lembro de ser arrastada em uma barragem nos arredores de Sacramento quando estava fazendo *rafting* no rio American, mais ou menos com essa idade, e de depois trazer o bote correnteza acima e repetir todo o processo. Isso também passou sem comentários.

Águas passadas.

Isso é praticamente inimaginável hoje.

Não existe mais tempo na agenda da "criação dos filhos" para tolerar tais passatempos controversos.

Em vez disso, nós, os beneficiários dessa espécie de negligência benevolente, hoje avaliamos nosso sucesso segundo a extensão com que conseguimos monitorar, controlar e manter os filhos amarrados a nós. Judith Shapiro, quando era presidente do Barnard College, sentiu-se impelida a escrever um artigo para o *New York Times* aconselhando os pais a demonstrarem um pouco mais de confiança nos filhos, a pararem de tentar administrar cada aspecto de sua vida universitária. Mencionou um pai que pedira dispensa de um ano do trabalho para supervisionar os preparativos da candidatura da filha nas universidades. Mencionou uma mãe que acompanhou a filha em uma reunião com o orientador para discutir um projeto de pesquisa. Mencionou outra mãe que, sob o argumento de que era ela quem pagava as mensalidades, exigiu que os históricos escolares da filha fossem enviados diretamente para ela.

"Se você desembolsa 35 mil dólares por ano, quer ver serviço", declarou para Tamar Lewin do *New York Times* o diretor do "departamento de atendimento aos pais" da

Northeastern, em Boston, um departamento dedicado ao atendimento aos pais que se tornou praticamente onipresente na administração do campus. Em uma matéria do *Times* de alguns anos atrás, sobre a diminuição do abismo entre as gerações nas universidades, Lewin falou não apenas das propostas dos pais como também dos próprios alunos. Uma aluna, na George Washington University, estava liberada para utilizar bem mais de três mil minutos em ligações telefônicas por mês para conversar com a família. Ela parecia enxergar a família como um recurso acadêmico útil. "Posso, por exemplo, ligar para o meu pai e dizer, 'qual o lance com os curdos?'. É muito mais fácil do que pesquisar. Ele sabe um monte, confio em quase tudo o que meu pai diz." Ao ser indagada se ela acreditava depender demais dos pais, outra aluna da George Washington ficou perplexa: "Eles são nossos pais", disse. "Estão aí para nos ajudar. É quase a obrigação deles."

Justificamos cada vez mais esse envolvimento elevado com nossos filhos como algo essencial à sobrevivência deles. Nós mantemos seus números na discagem rápida. Nós os observamos pelo Skype. Rastreamos seus movimentos. Esperamos que todas as ligações sejam atendidas, que cada mudança de planos seja comunicada. Fantasiamos novos perigos sem precedentes em qualquer encontro não supervisionado. Mencionamos terrorismo, compartilhamos advertências ansiosas: "É diferente hoje em dia". "Não é mais a mesma coisa." "Não se pode deixar que eles façam o que nós fazíamos."

Contudo, os perigos para as crianças sempre existiram.

Pergunte a qualquer pessoa que foi criança na década supostamente idílica propagandeada para nós, na época, como a recompensa pela Segunda Guerra Mundial. Carros novos. Utensílios domésticos novos. Mulheres de saltos altos e aventais de babados retirando assadeiras de biscoitos de fornos esmaltados com as cores da "colheita" pós-guerra: verde-abacate, dourado, mostarda, marrom, laranja queimado. Era o máximo da segurança, só que não: pergunte a qualquer criança que foi exposta, durante essa fantasia de colheita pós-guerra, às fotografias de Hiroshima e Nagasaki, pergunte a qualquer criança que viu as fotografias dos campos de extermínio.

"*Preciso* saber mais sobre isso."

Foi o que Quintana disse quando eu a encontrei escondida embaixo das cobertas da sua cama em Malibu, atônita e sem acreditar, lanterna na mão, analisando um livro de velhas fotografias da *Life* que ela havia encontrado em algum lugar.

Havia cortinas de algodão de xadrez azul e branco nas janelas de seu quarto em Malibu.

Lembro-me de como elas esvoaçavam quando ela me mostrou o livro.

Ela me mostrou as fotos que Margaret Bourke-White fez para a *Life* dos fornos em Buchenwald.

Era aquilo que ela *precisava* saber.

Ou pergunte à criança que não se permitia cair no sono durante a maior parte de 1946 porque temia o mesmo destino de Suzanne Degnan, de seis anos de idade, que no dia 7 de janeiro daquele ano foi raptada de sua cama em Chicago, esquartejada em uma pia e espalhada aos pedaços nos esgotos do extremo norte da cidade. Seis meses depois do desaparecimento de Suzanne Degnan, um estudante do segundo ano da Universidade de Chicago, chamado William Heirens, de dezessete anos, foi preso e condenado à prisão perpétua.

Ou pergunte à criança que, nove anos depois, acompanhou as buscas da polícia da Califórnia por Stephanie Bryan, de catorze anos, que desapareceu quando voltava a pé para casa de sua escola em Berkeley atravessando o estacionamento do Hotel Claremont, seu atalho costumeiro, e foi encontrada a centenas de quilômetros de Berkeley, enterrada em uma cova rasa nas montanhas mais setentrionais da Califórnia. Cinco meses depois do desaparecimento de Stephanie Bryan, um estudante de contabilidade da Universidade da Califórnia, de 27 anos, foi preso, acusado de sua morte e, em dois anos, condenado e executado na câmara de gás de San Quentin.

Como os eventos em torno dos desaparecimentos e mortes tanto de Suzanne Degnan quanto de Stephanie Bryan ocorreram em áreas de circulação dos jornais sensacionalistas do grupo Hearst, os dois casos foram cobertos de forma extensiva e chocante. A lição ensinada pela cobertura jornalística era clara: a infância é, por definição, arriscada. Ser criança é ser pequeno, fraco, inexperiente, o último elo da cadeia alimentar. Toda criança sabe disso, ou sabia.

Por saber disso é que as crianças telefonam para o Camarillo.

Por saber disso é que as crianças telefonam para a Twentieth Century-Fox.

"Esse caso me assombrou a vida inteira, pois eu era crescido, tinha oito anos de idade quando ele aconteceu, e o acompanhei diariamente pelo *Oakland Tribune* desde o primeiro dia até o final." Assim escreveu um internauta em resposta a uma retrospectiva recente sobre o caso Stephanie Bryan. "Tinha que ler o jornal quando meus pais não estavam por perto pois eles não consideravam adequado para a minha idade ler sobre homicídios."

Como adultos, perdemos a lembrança da gravidade e dos terrores da infância.

Olá, Quintana. Vou trancar você aqui na garagem.

Depois que cheguei aos cinco anos, nunca mais sonhei com ele.

Preciso saber mais sobre isso.

Um dos medos recorrentes, vim a saber muito mais tarde, era de que John morresse e que não houvesse mais ninguém além dela para cuidar de mim.

Como ela poderia imaginar que eu não tomaria conta dela?

Eu costumava perguntar isso.

Agora pergunto o contrário:

Como ela poderia imaginar que eu *conseguiria* tomar conta dela?

Ela me via como alguém que precisava de cuidados.

Ela me via como alguém frágil.

Era a ansiedade dela ou a minha?

Vim a saber sobre esse medo quando ela ficou temporariamente desligada do ventilador pulmonar em alguma das UTIs, não me lembro qual.

Eu disse, eram todas iguais.

As cortinas estampadas azuis e brancas. O gorgolejo pelos tubos de plástico. O gotejamento da medicação intravenosa, os estertores, os alarmes.

As paradas cardíacas. O carrinho de emergência.

Isso não podia estar acontecendo com ela.

Deve ter sido a UTI da UCLA.

Só na UCLA ela ficou desligada do ventilador pulmonar tempo o bastante para termos essa conversa.

Você tem suas recordações maravilhosas.

Tenho, mas elas desbotam.

Mesclam-se umas nas outras.

Tornam-se, como Quintana um ou dois meses depois descreveu, a única lembrança que pôde extrair das cinco semanas que passou na UTI da UCLA, "todas borradas".

Tentei dizer a ela: eu também sinto dificuldade em lembrar.

As línguas se misturam: preciso de um *abogado* ou preciso de um *avocat?*

Os nomes se escondem. Os nomes, por exemplo, dos condados da Califórnia, antes tão familiares que eu os recitava em ordem alfabética (Alameda e Alpine e Amador, Calaveras e Colusa e Contra Costa, Madera e Marin e Mariposa), agora me faltam.

Do nome de um condado eu me lembro.

Do nome desse único condado eu sempre me lembrarei.

Eu tive meu próprio Homem Partido.

Tive minhas próprias histórias das quais eu precisava saber mais.

Trinity.

O nome do condado em que Stephanie Bryan foi encontrada enterrada em uma cova rasa era Trinity.

O nome do local dos testes em Alamogordo que culminariam nas fotografias de Hiroshima e Nagasaki também era Trinity.

19

"**O QUE PRECISAMOS** aqui é de uma montagem e música incidental. *Como ela*: conversou com o pai e xxxx e xxxxx...

'xx', ele disse.

'xxx', ela disse.

"*Como ela*:

"*Como* ela fez isso e *por que* fez e *qual era a música* quando eles fizeram x e x e xxx...

"*Como ele, e também ela...*"

Escrevi as notas acima em 1995 para um romance que publiquei em 1996, *A última coisa que ele queria*. Ofereço-as como um exemplo de como eu me sentia à vontade ao escrever, com que facilidade eu o fazia, quão pouco eu pensava no que estava dizendo antes de dizê-lo. Na verdade, no sentido real, o que eu fazia não era bem escrever: eu só rascunhava com ritmo e deixava que esse mesmo ritmo me informasse o que eu estava escrevendo. Muitas das marcações que eu punha na página não passavam de "xxx" ou "xxxx", símbolos que significavam "texto pv", ou "texto por vir", mas veja bem: tais símbolos eram arranjados em agrupamentos específicos. Um "x" solitário diferia de um "xx" duplo, "xxx" de "xxxx". A quantidade desses símbolos tinha um significado. O arranjo era o significado.

Esse mesmo trecho, reescrito, o que a bem da verdade significa dizer "escrito", tornou-se mais detalhado: "O que queremos aqui é uma montagem e música incidental. *Quadro em Elena*. Sozinha nas docas onde seu pai atracou *Kitty Rex*. Mexendo em uma farpa das tábuas com a ponta da sandália. Tirando a echarpe e sacudindo o cabelo, úmido graças ao ar pesado e doce do sul da Flórida. *Corta para Barry Sedlow*. Diante da porta do barracão, sob a placa onde se lia IMÓVEIS GASOLINA ISCAS CERVEJA MUNIÇÃO. Debruçado sobre o balcão. Observando Elena pela porta de tela enquanto esperava o troco. *Quadro no gerente*. Deslizando uma nota de mil dólares para baixo de uma bandeja na caixa registradora, recolocando a bandeja, contando as notas de cem. Não havia onde passar uma de cem. Ali, no ar doce e pesado do sul da Flórida. Havana tão próxima que era possível ver os Impalas bicolores no Malecón. Cacete, como a gente se divertia por lá".

Mais detalhada, sim.

"Ela" agora tem nome: Elena.

"Ele" agora tem nome: Barry Sedlow.

Mas, de novo, veja bem: tudo já estava ali nas notas originais. Já estava nos símbolos, nas marcações da página. Nos "xxx" e nos "xxxx".

Eu imaginava que esse processo fosse parecido com o de compor uma música.

Não faço ideia se era uma comparação que fazia sentido, pois eu não sabia nem ler nem compor música. A única coisa que sei é que agora não escrevo mais assim. A única coisa que sei é que escrever, ou seja lá o que eu estivesse fazendo quando não conseguia desenvolver mais do que alguns "xxx" e "xxxx", seja lá o que eu estivesse fazendo quando me imaginava escutando a música, já não me vem tão facilmente. Por algum tempo atribuí isso a certo esgotamento do meu estilo, impaciência, desejo de ser mais direta. Estimulava a própria dificuldade que eu sentia de dispor palavras na página. Via isso como evidência de uma objetividade. Hoje vejo diferente, como uma fragilidade. A fragilidade que Quintana tanto temia.

Estamos nos aproximando de mais um verão.

Eu me vejo cada vez mais focada nessa questão da fragilidade.

Sinto medo de cair na rua, imagino mensageiros de bicicleta me derrubando no chão. A aproximação de uma criança em uma *scooter* motorizada me faz congelar no meio do cruzamento. Não tomo mais café da manhã no 3 Guys da Madison Avenue. E se eu cair no caminho?

Eu me sinto instável, desequilibrada, como se meus nervos estivessem falhando, o que pode ou não ser verdade.

Ouço um novo tom na voz dos conhecidos quando eles me perguntam como estou, um tom que ainda não havia percebido e que considero cada vez mais opressivo, até mesmo humilhante. Ao perguntarem, esses conhecidos parecem impacientes, meio preocupados, meio irritados, como se já não estivessem interessados na resposta.

Como se soubessem bem demais que a resposta será uma queixa.

Eu resolvo responder, se me perguntam como estou, apenas de modo positivo.

Crio a resposta animada.

O que acredito ser a resposta animada acaba por soar, quando eu a escuto, mais como uma lamúria.

Não se lamente, escrevo em um cartão. *Não se queixe. Esforce-se ainda mais. Passe mais tempo sozinha.*

Prendo o cartão no quadro de cortiça onde reúno anotações.

"Um trem me atropelou nove dias antes de nosso casamento", diz uma das notas do quadro de cortiça. "Saiu de casa de manhã e morreu à tarde na queda de um pequeno avião", diz outra. "Era o dia 2 de janeiro de 1931", diz uma terceira. "Ensaiei um pequeno golpe. Meu irmão tornou-se presidente. Ele era mais maduro. Fui para a Europa."

Essas notas que prendi no quadro de cortiça tinham o objetivo, quando as escrevi, de restaurar minha capacidade funcional, mas até agora não conseguiram seu intento. Examino-as mais uma vez. *Quem* era a mulher atropelada por um trem nove dias antes de seu casamento? Ou teria sido um homem? *Quem* saiu de casa de manhã e morreu à tarde na queda de um pequeno avião? *Quem*, acima de tudo, ensaiou um golpe no dia 2 de janeiro de 1931? E em que país?

Abandono a tentativa de responder a essas perguntas.

O telefone toca.

Grata pela interrupção, atendo. Ouço a voz do meu sobrinho Griffin. Ele sente a necessidade de informar que anda recebendo telefonemas de "amigos preocupados" com a minha saúde, especificamente meu peso. Já não me sinto mais grata. Informo que meu peso é o mesmo desde o início dos anos 1970, quando peguei febre paratifoide durante um festival de cinema na costa caribenha da Colômbia e, ao voltar, havia perdido tanto peso que minha mãe teve que pegar um avião até Malibu para me alimentar. Griffin diz que sabe disso, que sabe que meu peso não varia desde que ele tinha idade suficiente para notá-lo. Está apenas relatando o que esses "amigos preocupados" mencionaram para ele.

Griffin e eu nos entendemos, o que, nesse caso, significa que conseguimos mudar de assunto. Considero perguntar-lhe se ele sabe quem ensaiou o pequeno golpe no dia 2 de janeiro de 1931, e em que país, mas não o faço. Na ausência de outro assunto, comento de um taxista que encontrei recentemente indo do Hotel Four Seasons em São Francisco para o aeroporto. Esse taxista me contou que analisa locais de perfuração de petróleo nos arredores de Houston desde que o *boom* do petróleo estourou. Seu pai fora supervisor de obra, contou, o que significava que ele havia crescido nos canteiros de obras das grandes represas e reatores de energia do pós-guerra. Mencionou Glen Canyon, no Colorado. Mencionou Rancho Seco, perto de Sacramento. Mencionou, ao descobrir que eu era escritora, que desejava escrever um livro sobre "as relações entre os Estados Unidos e o Japão". Havia proposto tal livro para a editora, mas a Simon

& Schuster, ele agora tinha certeza, entregara a proposta para outro escritor.

"Um cara chamado Michael Crichton", ele disse. "Não estou dizendo que ele a roubou. Só estou dizendo que eles usaram minhas ideias. Mas, enfim, ideias são de graça."

Perto de San Bruno, ele passou a mencionar a cientologia.

Estou contando essa história real apenas para provar que posso.

Que minha fragilidade ainda não atingiu o ponto em que já não consigo contar uma história real.

Semanas se passam, depois meses.

Vou a uma sala de ensaio na West 42nd Street assistir aos ensaios de uma peça, uma montagem nova de um musical da Broadway para o qual dois amigos próximos escreveram as letras das canções, nos anos 1970.

Sento-me em uma cadeira dobrável de metal. Atrás de mim, escuto vozes que reconheço (dos meus dois amigos próximos e de seu colaborador, o autor do livro), mas não me sinto segura para me virar. As canções, algumas delas familiares e outras novas, continuam. As reprises seguem. Sentada na cadeira dobrável de metal, começo a sentir medo de me levantar. À medida que o final se aproxima, experimento um pânico absoluto. E se meus pés já não se mexerem? E se meus músculos travarem? E se essa neurite ou neuropatia ou inflamação neurológica tiver evoluído para algo mais maligno? Certa vez, quando eu tinha vinte e tantos anos, recebi um diagnóstico excludente de esclerose múltipla, que mais tarde o neurologista responsável acreditou estar em remissão. E se não estivesse mais em remissão? E se nunca esteve? E se tiver retornado? E se eu me levantar desta cadeira dobrável nesta sala de ensaio na West 42nd Street e cair, desabar no chão, levando comigo a cadeira dobrável de metal?

Ou e se...

(Outra série de possibilidades desastrosas me ocorre, esta ainda mais alarmante que a última...)

E se o dano ultrapassar o aspecto físico?

E se o problema for agora cognitivo?

E se a ausência de estilo que abracei — a clareza que encorajei, até cultivei —, e se essa ausência de estilo agora tiver assumido uma perniciosa vida própria?

E se a minha nova incapacidade de encontrar a palavra certa, o pensamento apto, a conexão que permite que as palavras façam sentido, o ritmo, a própria música...

E se essa nova incapacidade for sistêmica?

E se eu nunca mais conseguir localizar as palavras que contam?

20

E∪ CONSULTO ∪M novo neurologista, no Columbia Presbyterian.

O novo neurologista tem respostas: todos os novos neurologistas têm respostas, em geral fantasiosas. Os novos neurologistas são as últimas pessoas que verdadeiramente acreditam no poder do pensamento positivo. As soluções fornecidas por esse novo neurologista específico são que eu ganhe peso e dedique no mínimo três horas semanais à fisioterapia.

Já me ensinaram esse catecismo antes.

Acontece que fui uma criança extraordinariamente pequena. Digo extraordinariamente por um motivo: havia algo tão gritante em meu tamanho que levava completos estranhos a sempre o comentarem. "Você não tem muita carne", lembro-me de um médico francês em Paris dizer quando fui lhe pedir uma receita de antibióticos. Era a mais pura verdade, mas fiquei farta de ouvi-la. Principalmente quando era dita como algo que talvez eu não tivesse notado. Eu era baixa, era magra, era capaz de envolver meus pulsos com o polegar e o indicador. Minhas primeiras lembranças são da minha mãe me aconselhando a ganhar peso, como se meu fracasso nisso fosse proposital, um ato de rebeldia.

Eu só podia me levantar da mesa depois que tivesse comido tudo o que estava no prato, uma regra que basicamente levava a maneiras novas e criativas de não comer nada que estava em meu prato. O "clube do prato limpo" era mencionado com frequência. "Os que comiam bem" eram elogiados. "Ela não é uma lata de lixo humana", eu me lembro do meu pai explodindo em minha defesa. Já adulta, passei a enxergar essa abordagem em relação à comida como uma garantia, em certa medida, de um distúrbio alimentar, mas nunca mencionei essa teoria para a minha mãe.

Tampouco a mencionei ao novo neurologista.

Na verdade, além de ganhar peso e fazer fisioterapia, o novo neurologista ofereceu uma terceira solução, igualmente fantasiosa: apesar do diagnóstico excludente que recebi com vinte e tantos anos, não tenho esclerose múltipla. Ele é veemente nesse ponto. Não existe razão para acreditar que eu tenha esclerose múltipla. A ressonância magnética, técnica ainda não disponível quando eu tinha vinte e tantos anos, demonstra de modo conclusivo que não tenho esclerose múltipla.

Nesse caso, pergunto, tentando fingir que acredito no que quer que ele escolha apresentar como resposta, o que eu tenho?

Tenho neurite, uma neuropatia, uma inflamação neurológica.

Não me dou conta do encolher de ombros.

Pergunto o que causou essa neurite, essa neuropatia, essa inflamação neurológica.

O peso insuficiente, responde ele.

Não deixo de notar que o consenso quanto ao que há de errado comigo mais uma vez lançou a bola para o meu lado da quadra.

Recebo a indicação de um nutricionista para lidar com essa questão do ganho de peso.

O nutricionista receita os (inevitáveis) shakes de proteína, traz ovos frescos (o que é melhor) de uma fazenda de Nova Jersey e um sorvete de baunilha perfeito (o que é melhor ainda) da Maison du Chocolat da Madison Avenue.

Tomo os shakes de proteína.

Como os ovos frescos da fazenda de Nova Jersey e o sorvete de baunilha perfeito da Maison du Chocolat da Madison Avenue.

Ainda assim.

Não ganho peso.

Tenho a sensação incômoda de que a resposta consensual fracassou.

Descubro, por outro lado, em certa medida, para minha surpresa, que efetivamente gosto da fisioterapia. Frequento sessões regulares em uma clínica de medicina esportiva do Columbia Presbyterian entre a 60th e a Madison. Fico impressionada com a força e o tônus geral dos outros pacientes que aparecem no mesmo horário. Analiso seu equilíbrio, sua proficiência com os diversos aparelhos recomendados pelo terapeuta. Quanto mais observo, mais me sinto encorajada. *Esse negócio funciona mesmo*, digo a mim mesma. Isso me enche de entusiasmo, de otimismo. Eu me pergunto quantas sessões serão necessárias para que eu atinja o controle aparentemente sem esforço dos outros pacientes. Somente na terceira semana de fisioterapia descubro que esses pacientes específicos são na verdade os jogadores do New York Yankees, relaxando os músculos entre um jogo e outro.

21

HOJE, AO VOLTAR A pé da clínica de medicina esportiva do Columbia Presbyterian entre a 60th e a Madison, percebo esmorecer o otimismo causado pela proximidade com os jogadores do New York Yankees. Na verdade, minha confiança física parece ter atingido uma nova decadência. Minha confiança cognitiva parece ter desaparecido por completo. Até mesmo a forma de contar isso, a maneira de descrever o que está acontecendo comigo, a atitude, o tom, as próprias palavras, agora me escapam.

O tom precisa ser direto.

Preciso falar-lhes de forma objetiva, preciso *abordar o assunto, em outras palavras*, mas algo me impede.

Será isso outra espécie de neuropatia, uma nova fragilidade; terei eu perdido a capacidade de falar de forma objetiva?

Algum dia tive essa capacidade?

E a perdi?

Ou será uma questão de que não desejo tratar?

Quando digo que sinto medo de me levantar de uma cadeira dobrável em uma sala de ensaio na West 52nd Street, do que realmente sinto medo?

22

E SE VOCÊS NÃO tivessem atendido quando o dr. Watson ligou? E se vocês não estivessem em casa?

E se não pudessem ter ido encontrar o dr. Watson no hospital...

E se tivesse acontecido um acidente na rodovia, o que teria acontecido comigo?

Todos os filhos adotados, assim me disseram, temem ser abandonados pelos pais adotivos, tal como acreditam terem sido abandonados pelos pais biológicos. Foram programados, pelas circunstâncias singulares de sua introdução na estrutura familiar, a ver o abandono como seu papel, seu fardo, o destino que os dominará, a menos que fujam dele.

Quintana.

Todos os pais adotivos, ninguém precisou me dizer, temem não merecer o filho que receberam, que o filho lhes seja arrancado.

Quintana.

Quintana é uma das áreas nas quais sinto dificuldade em ser objetiva.

Eu afirmei anteriormente que é difícil compreender a adoção, mas não contei o motivo.

"Claro que vocês não devem contar que ela é adotada", muitas pessoas disseram quando ela nasceu, a maioria da idade dos meus pais, uma geração, como a dos pais de Diana, para a qual a adoção ainda era algo obscuro, vergonhoso, um segredo a se manter a qualquer custo. "Vocês não podem contar para ela."

Claro que podíamos contar para ela.

Na verdade, já tínhamos contado para ela. *L'adoptada, m'ija*. Não contar para ela foi algo que nunca esteve em questão. Quais eram as alternativas? Mentir? Deixar que seu agente a levasse para almoçar no Beverly Hills Hotel? Antes que muitos anos se passassem, eu escreveria sobre sua adoção, John escreveria sobre sua adoção, a própria Quintana concordaria em ser uma das crianças entrevistadas para um livro da fotógrafa Jill Krementz intitulado *How It Feels to Be Adopted* [Como é ser adotado, em tradução livre]. Ao longo daqueles anos, recebemos contatos periódicos de mulheres que haviam visto tais menções à adoção dela e acreditavam que ela era sua filha perdida, mulheres que tinham dado recém-nascidos para adoção e que hoje se viam assombradas pela possibilidade de que a criança sobre a qual tinham lido poderia ser aquela criança perdida.

Essa criança linda, essa criança perfeita.

Qué hermosa, qué chula.

Respondemos a cada um desses contatos, explicamos que os fatos não coincidiam, que as datas não batiam, por que aquela criança perfeita não podia ser a delas.

Consideramos nosso papel cumprido, o caso encerrado. Ainda assim.

A narrativa recomendada da escolha não terminou, como imaginei (esperei, sonhei) que terminaria, com a criança perfeita colocada sobre a mesa conosco para almoçar no The Bistro (o sofá de canto de Sidney Korshak, o vestido de organza azul e branco de bolinhas) naquele dia quente de setembro de 1966, quando a adoção foi concluída.

Trinta e dois anos mais tarde, em 1998, em uma manhã de sábado em que ela estava sozinha em seu apartamento e vulnerável a quaisquer boas ou más notícias que lhe batessem à porta, a criança perfeita recebeu uma carta da Federal Express de uma jovem que de modo convincente identificou-se como sua irmã, sua irmã de sangue, uma das duas crianças que, para nosso desconhecimento, nasceram dos pais biológicos de Quintana. Na época do nascimento de Quintana, seus pais ainda não eram casados. Em algum momento depois de ela nascer, eles haviam se casado, tiveram outros dois filhos, o irmão e a irmã de Quintana, e depois se divorciaram. Segundo a carta da jovem que se identificou como a irmã de Quintana, a mãe e ela moravam agora em Dallas. O irmão, que a mãe não via mais, morava em outra cidade, no Texas. O pai, que havia casado novamente e tido outro filho, morava na Flórida. A irmã, que havia descoberto sobre a existência de Quintana meras semanas antes, resolvera imediatamente, contra os instintos naturais de sua mãe, localizá-la.

Havia recorrido à internet.

Na internet ela descobriu um detetive particular que afirmou que poderia localizar Quintana por duzentos dólares.

O número de Quintana não estava na lista telefônica.

Os duzentos dólares eram para acessar a conta da Con Edison dela.

A irmã aceitou o acordo.

O detetive levou apenas dez minutos para telefonar de novo para a irmã, com um endereço e número de apartamento em Nova York.

Sutton Place South, 14. Apartamento 11D.

A irmã escreveu a carta.

Enviou-a para o apartamento 11D do número 14 da Sutton Place South, via Federal Express.

"Entrega de sábado", Quintana disse quando nos mostrou a carta, ainda no envelope da Federal Express. "A FedEx faz *entrega aos sábados.*" Eu me lembro dela repetindo aquelas palavras, enfatizando-as: a FedEx faz entrega aos sábados, como se manter o foco nesse único ponto pudesse recolocar seu mundo nos eixos.

23

NÃO CONSIGO EXPRESSAR com facilidade o que pensei sobre aquela situação.

Por um lado, disse a mim mesma, aquilo dificilmente poderia ser uma surpresa. Havíamos passado 32 anos pensando justamente nessa possibilidade. Durante boa parte daqueles anos, tínhamos inclusive enxergado essa possibilidade como uma probabilidade. A mãe de Quintana, graças a um erro burocrático da assistente social, fora informada não só de nossos nomes e do de Quintana, como também do meu nome artístico. Não levávamos uma vida de todo privada. Dávamos palestras, comparecíamos a eventos, éramos fotografados. Poderíamos ser localizados com facilidade. Tínhamos conversado sobre como aconteceria. Haveria uma carta. Haveria um telefonema. A pessoa que ligou diria isso e aquilo. Quem de nós atendesse o telefone diria isso e aquilo e aquilo outro. Marcaríamos um encontro.

Seria lógico.

Faria, quando acontecesse, todo sentido.

Em um cenário alternativo, a própria Quintana escolheria realizar tal busca, travar o contato. Se ela desejasse fazê-lo, o processo seria simples. Graças a outro erro burocrático, uma conta do Hospital St. John em Santa Monica foi enviada para nós sem o nome da mãe editado. Eu tinha visto aquele nome uma única vez, mas ele ficara marcado em minha lembrança. Era um lindo nome.

Conversamos sobre o assunto com nosso advogado. Caso Quintana pedisse, ele estava autorizado a dar-lhe qualquer auxílio que ela quisesse ou precisasse.

Isso também seria lógico.

Isso também faria, quando acontecesse, todo sentido.

Por outro lado, disse a mim mesma, agora parecia ser tarde demais, não parecia o momento certo.

Chega um momento, disse a mim mesma, em que uma família, para o bem ou para o mal, acaba.

Sim, foi o que acabei de dizer. *Claro* que eu havia considerado essa possibilidade.

Aceitá-la, porém, era outra coisa.

Algum tempo antes, em outro momento, mencionei que a levamos conosco para Tucson na época em que estavam rodando *Roy Bean, O homem da lei*.

Mencionei o Hilton Inn, mencionei a babá, mencionei Dick Moore e mencionei Paul Newman, mas houve uma parte dessa viagem que não mencionei.

Aconteceu na nossa primeira noite em Tucson.

Nós a tínhamos deixado com a babá. Assistimos aos copiões. Encontramo-nos no salão de jantar do Hilton Inn para jantar. Aquilo me ocorreu na metade da refeição — com um pouco de gente demais na mesa, um pouco de barulho demais, apenas mais um jantar de trabalho de um longa-metragem em mais uma locação. No entanto, para mim, aquela não era apenas mais uma locação.

Era Tucson.

Não sabíamos muito sobre a família biológica dela, mas de uma coisa sabíamos: sua mãe era de Tucson. Sua mãe era de Tucson e eu sabia o nome dela.

Nunca passou pela minha cabeça não fazer o que fiz em seguida.

Eu me levantei da mesa e encontrei um orelhão com uma lista telefônica de Tucson.

Procurei o nome.

Mostrei-o para John.

Sem dizer palavra, voltamos para a mesa lotada do salão de jantar e dissemos ao produtor de *Roy Bean, O homem da lei* que precisávamos conversar com ele. Ele nos acompanhou até o saguão. Ali, falamos com ele durante três ou quatro minutos. Era imprescindível, dissemos, que ninguém soubesse onde estávamos hospedados em Tucson. Era ainda mais imprescindível, dissemos, que ninguém soubesse que Quintana estava lá. Eu não queria pegar um jornal de Tucson, falei, e ler uma matéria bonitinha sobre as crianças no set de *Roy Bean, O homem da lei*. Salientei que sob nenhuma condição o nome de Quintana poderia aparecer em conexão com o longa.

Não havia motivo para supor que isso aconteceria, mas eu precisava ter certeza.

Precisava garantir aquilo.

Precisava fazer o esforço.

Quando fiz isso, eu acreditava estar protegendo tanto Quintana quanto sua mãe.

Digo isso agora para sugerir os impulsos embaralhados que andam de mãos dadas com a adoção.

Alguns meses depois da entrega de sábado da FedEx, Quintana e sua irmã se encontraram, primeiro em Nova York e depois em Dallas. Em Nova York, Quintana mostrou Chinatown para sua irmã visitante. Levou-a para fazer compras em Pearl River. Trouxe-a para jantar comigo e com John no Da Silvano. Convidou seus amigos e primos para tomarem drinques em seu apartamento, para que eles pudessem conhecer sua irmã. As duas pareciam gêmeas. Quando Griffin entrou no apartamento de Quintana e viu a irmã, inadvertidamente chamou-a de "Q". Margaritas foram preparadas, guacamole também. Havia nesse primeiro fim de semana um clima de empolgação solícita, camaradagem determinada, descoberta resoluta.

Somente dali a mais ou menos um mês, em Dallas, é que a solicitude e a determinação e a resolução a abandonariam.

Quando ela telefonou depois de 24 horas em Dallas, parecia desamparada, à beira das lágrimas.

Em Dallas, Quintana foi apresentada não apenas à sua mãe como a vários outros membros do que ela agora chamava de sua "família biológica", desconhecidos que a receberam como uma filha há tempos desaparecida.

Em Dallas, esses desconhecidos mostraram-lhe fotos, comentaram sobre sua semelhança com uma ou outra prima ou tia ou avó, aparentemente julgando que, com sua presença ali, ela havia escolhido fazer parte da família.

Ao voltar para Nova York, ela passou a receber telefonemas frequentes de sua mãe, cuja resistência inicial ao reencontro (para começo de conversa, aquilo não tinha sido um reencontro. Afinal, como sua mãe deixara muito claro, elas nunca tinham se visto antes) dera lugar à necessidade de conversar sobre os eventos que culminaram na adoção. Aqueles telefonemas aconteciam pela manhã, em geral no horário em que Quintana estava prestes a sair para trabalhar. Ela não queria interromper a mãe, mas também não queria chegar atrasada no trabalho, ainda mais porque a *Elle Décor*, revista onde naquela época ela era a diretora de fotografia, estava passando por uma reformulação e ela sentia seu emprego ameaçado. Ela conversou sobre esse conflito com um psiquiatra. Depois da conversa com o psiquiatra, escreveu para a mãe e a irmã dizendo que "ser encontrada" ("fui encontrada" se transformara na sua maneira cativantemente ambígua de referir-se ao que tinha acontecido) se tornara algo "complicado demais para ela suportar", que era "coisa demais em muito pouco tempo", que ela precisava "dar um passo para atrás", "voltar um pouco" para o que ela ainda considerava sua vida real.

Ela recebeu uma carta da mãe como resposta, alegando que não desejava ser um peso e que, por isso, havia pedido que cortassem sua linha telefônica.

Foi nesse momento que ficou claro que nenhum de nós escaparia daqueles impulsos embaralhados.

Nem a mãe de Quintana, nem a irmã de Quintana, nem, certamente, eu.

Nem mesmo Quintana.

Quintana, que se referia ao esfacelamento do mundo que conhecia como "fui encontrada".

Quintana, que chamara Nicholas e Alexandra de "Nick e Sunny", e acreditara que sua história seria um "grande sucesso".

Quintana, que imaginara o Homem Partido com tantos detalhes convincentes.

Quintana, que me disse que depois de fazer cinco anos nunca mais sonhou com o Homem Partido.

Algumas semanas depois de sua mãe mandar cortar a linha telefônica, chegou outra mensagem, porém não de sua mãe nem de sua irmã.

Ela recebeu uma carta do seu pai biológico, na Flórida.

No período entre o momento em que ela soube ser adotada e o momento em que foi "encontrada", um período de trinta e poucos anos, ela muitas vezes mencionara sua outra mãe. "Minha outra mamãe" e, depois, "minha outra mãe", eram as maneiras como a chamava desde que aprendera a falar. Ela imaginava quem e onde estaria essa outra mãe. Como ela seria. Pensara e depois rejeitara a possibilidade de descobrir. John certa vez lhe perguntara, quando ela ainda era pequena, o que faria se encontrasse "sua outra mamãe". "Com um braço, eu abraçaria a mamãe", respondeu ela, "e com o outro, minha outra mamãe, e diria 'Oi, mamães'."

Ela nunca, nem uma única vez, mencionara o outro pai.

Não faço ideia de por que a imagem em sua cabeça nunca incluía o pai.

"Que longa e estranha jornada tem sido esta", dizia a carta da Flórida.

Ela explodiu em choro quando a leu para mim.

"Se já não bastasse tudo isso", disse ela entre as lágrimas, "ainda descubro que meu pai é fã do Grateful Dead."

Três anos depois, chegou a última mensagem, esta da irmã.

Ela desejava comunicar que o irmão havia morrido. A causa da morte não estava clara. Mencionou o coração dele.

Quintana não o havia conhecido.

Não tenho certeza das datas, mas creio que ele nasceu quando ela tinha cinco anos.

Depois que cheguei aos cinco anos, nunca mais sonhei com ele.

Esse telefonema para informar que ele havia morrido talvez tenha sido a última vez em que as irmãs se falaram.

Quando Quintana morreu, sua irmã enviou flores.

24

Eu me pego folheando hoje, pela primeira vez, um diário que ela manteve durante a primavera de 1984, uma tarefa para a aula de inglês durante seu último ano na Escola para Garotas Westlake. "Tive uma revelação empolgante enquanto estudava um poema de John Keats", começa esse volume do diário, em uma página datada de 7 de março de 1984, a 117ª entrada desde que ela começara a mantê-lo, em setembro de 1983. "No poema, 'Endymion', há um verso que parece contar meu medo atual da vida: *cair no nada.*"

Essa entrada de 7 de março de 1984 continua, passa a uma discussão sobre Jean-Paul Sartre e Martin Heidegger e suas respectivas concepções sobre o abismo, mas já não consigo acompanhar a linha de raciocínio: automaticamente, sem pensar, de modo chocante, como se ela ainda estudasse na Westlake e tivesse me pedido para dar uma olhada no texto, começo a editá-lo.

Por exemplo:

Excluir vírgulas que separam o título "Endymion".

"Contar", em "um verso que parece contar meu medo atual da vida", está obviamente errado.

"*Descrever*" seria melhor.

"*Sugerir*" seria ainda melhor.

Por outro lado: "*contar*" *poderia funcionar: experimente usar* "*contar*" *como ela usou.*

Experimento: *Ela* "*conta*" *seu medo atual da vida em relação a Sartre.*

Experimento mais uma vez: *Ela* "*conta*" *seu medo atual da vida em relação a Heidegger. Ela* "*conta*" *sua concepção sobre o abismo. Ela qualifica sua concepção do abismo:* "*Isso é apenas como interpreto o abismo; posso estar errada*".

Passa-se um tempo considerável antes que eu perceba que minha preocupação com as palavras que ela usou encobriu qualquer apreensão possível do que ela estava tentando dizer ao escrever aquela entrada em seu diário no dia 7 de março de 1984.

Teria sido proposital?

Estaria eu encobrindo o que ela disse sobre seu medo da vida da mesma maneira que encobri o que ela disse sobre seu medo do Homem Partido?

Olá, Quintana? Vou trancar você aqui na garagem?

Depois que cheguei aos cinco anos, nunca mais sonhei com ele?

Teria eu a vida inteira abafado o que ela estava realmente dizendo?

Será que eu preferia não escutar o que ela estava me dizendo?

Será que me aterrorizava?

Experimento a passagem mais uma vez, lendo agora em busca de sentido.

O que ela disse: *meu atual medo da vida.*

O que ela disse: *cair no nada.*

O que ela estava realmente dizendo: *o Mundo nada tem. Só Manhã e Noite. Não tem Dia ou Almoço. Me deixa ficar no chão. Me deixa ficar no chão e vai dormir.* Quando digo que tenho medo de me levantar de uma cadeira dobrável em uma sala de ensaio na West 42nd Street, será isso o que estou realmente dizendo?

Isso me aterroriza?

25

VOU TENTAR FALAR objetivamente mais uma vez.

Em meu último aniversário, 5 de dezembro de 2009, cheguei aos 75 anos de idade.

Observe a construção estranha — *cheguei aos 75 anos de idade* — você escuta o eco?

Cheguei aos 75 anos? *Cheguei* aos cinco anos?

Depois que cheguei aos cinco anos nunca mais sonhei com ele?

Observe ainda — em notas que falam sobre o envelhecimento nas primeiras páginas, notas chamadas *Noites azuis* por um motivo, notas chamadas *Noites azuis* porque na época em que comecei a escrevê-las não conseguia pensar em muita coisa além da inevitável proximidade dos dias escuros — quanto custei para contar-lhes esse fato tão relevante, quanto custei para *abordar o assunto, em outras palavras.* O envelhecimento e seus sinais continuam sendo os eventos mais previsíveis da vida, contudo também continuam sendo questões que preferimos deixar intocadas, inexploradas: já vi lágrimas inundarem os olhos de mulheres adultas, mulheres amadas, mulheres de talentos e conquistas, porque uma criancinha na sala, quase sempre uma sobrinha ou sobrinho querido(a), as havia descrito como "enrugadas" ou lhes havia perguntado quantos anos tinham. Quando nos fazem essa pergunta, sempre nos sentimos arrasadas com sua inocência, de certa maneira envergonhadas pelo tom límpido com que é feita. O que nos envergonha é o seguinte: a resposta que damos nunca é inocente. A resposta que damos é confusa, evasiva, até mesmo culpada. Neste momento, quando respondo essa pergunta, percebo que duvido da minha própria exatidão, que checo novamente a conta aritmética cada vez mais impossível (nasci em 5 de dezembro de 1934, subtrair 1934 de 2009; faça a conta de cabeça e fique confuso com a interrupção do milênio absolutamente irrelevante), que insisto para mim mesma (ninguém mais se importa muito com isso) que deve haver algum erro: ontem mesmo eu tinha cinquenta e poucos, quarenta e poucos, ainda ontem eu tinha 31 anos.

Quintana nasceu quando eu tinha 31 anos.

Ainda ontem Quintana nasceu.

Ainda ontem levei Quintana do berçário do Hospital St. John em Santa Monica para a minha casa.

Embrulhada em uma manta de caxemira com barrado de seda.

Daddy's gone to get a rabbit skin to wrap his baby bunny in.[4]

E se vocês não tivessem atendido o telefone quando o dr. Watson ligou?

O que teria acontecido comigo?

---

4 Verso de uma tradicional canção de ninar de língua inglesa, "Bye, Baby Bunting". Em tradução livre: "Papai foi arrumar uma pele de coelho para embrulhar seu bebê-coelho". [*N.T.*]

Ainda ontem eu a segurava em meus braços na 405.

Ainda ontem eu lhe prometia que nós a protegeríamos.

Na época chamávamos de 405 a rodovia San Diego.

Ontem mesmo ainda chamávamos de 405 a rodovia San Diego, ontem mesmo ainda chamávamos de 10 a rodovia Santa Monica, anteontem mesmo a rodovia Santa Monica ainda nem existia.

Ontem mesmo eu ainda conseguia fazer contas aritméticas, lembrar números de telefone, alugar um carro no aeroporto e sair do estacionamento sem paralisar, parando no momento de girar a chave, os pés ainda nos pedais, mas imóveis, sem saber qual o acelerador e qual o freio.

Ontem mesmo Quintana estava viva.

Tiro os pés dos pedais, primeiro um, depois o outro.

Invento uma desculpa para pedir que o atendente da Hertz dê partida no carro para mim.

Tenho 75 anos: não é essa a desculpa que dou.

26

UM MÉDICO COM quem converso de vez em quando sugere que não estou lidando muito bem com o envelhecimento.

Errado, sinto vontade de dizer.

A verdade é que não estou lidando de forma nenhuma com o envelhecimento.

A verdade é que vivi até agora sem acreditar seriamente que envelheceria.

Eu não tinha dúvidas de que continuaria a usar as sandálias de camurça vermelhas com saltos de dez centímetros que sempre foram minhas preferidas.

Eu não tinha dúvidas de que continuaria a usar as argolas douradas que eram presença constante, as calças legging pretas de caxemira, os colares de contas esmaltadas.

Minha pele desenvolveria algumas falhas, rugas finas, até mesmo manchas castanhas (isso, aos 75 anos, passaria como uma avaliação cosmética realista), mas continuaria com a mesma aparência de sempre, basicamente saudável. Meu cabelo perderia o tom original, mas isso continuaria a ser resolvido deixando os grisalhos em torno do rosto e permitindo que duas vezes por ano Johanna, do Bumble and Bumble, fizesse reflexos no resto. Eu notava que as modelos que encontrava nessas visitas semestrais ao salão do Bumble and Bumble eram significativamente mais jovens que eu, mas como elas tinham no máximo dezesseis ou dezessete anos, não havia motivo para interpretar a diferença como um fracasso pessoal. Minha memória falharia, mas a memória de quem não falha? Minha vista ficaria mais problemática do que provavelmente era antes que eu passasse a enxergar o mundo através de nuvens súbitas de algo semelhante a renda preta, mas que na verdade eram sangue, resíduos de uma série de lesões e deslocamentos da retina. Ainda assim, sem sombra de dúvida eu continuaria a poder enxergar, ler, escrever, atravessar cruzamentos sem medo.

Sem sombra de dúvida isso poderia ser solucionado.

Seja lá o que "isso" fosse.

Eu acreditava completamente em meu poder de superar as situações.

Sejam lá que "situações" fossem.

Quando minha avó tinha 75 anos, sofreu um derrame cerebral, caiu inconsciente na calçada, não muito longe de sua casa, em Sacramento, foi levada ao Hospital Sutter e morreu ali, na mesma noite. Essa foi a "situação" no caso da minha avó. Quando minha mãe tinha 75 anos, foi diagnosticada com câncer de mama, fez dois ciclos de quimioterapia e não conseguiu suportar um terceiro ou um quarto, mas viveu até duas semanas antes de seu nonagésimo primeiro aniversário (quando morreu, foi de insuficiência cardíaca congestiva, não de câncer). Entretanto, ela nunca mais foi a mesma de antes. As coisas deram errado. Ela perdeu a confiança. Ficava apreensiva em multidões. Já não se sentia à vontade nos casamentos dos netos e nem mesmo, verdade seja dita, nos jantares da família. Fazia críticas desconcertantes, até mesmo hostis. Quando veio me visitar em Nova York, por exemplo, chamou a igreja episcopal de St. James, cujo campanário e teto de ardósia tomam toda a vista das janelas da minha sala de estar de "a igreja mais horrorosa que eu já vi na vida". Quando, em sua região e por sua sugestão, eu a levei para ver as águas-vivas do aquário da baía de Monterey, ela saiu correndo até o carro, alegando sentir vertigem com o movimento das águas.

Reconheço agora que ela estava se sentindo fragilizada.

Reconheço agora que ela se sentia naquela época como eu me sinto hoje.

Invisível nas ruas.

Alvo de qualquer veículo sobre rodas das proximidades.

Desequilibrada no instante de deixar uma calçada, ou de se sentar ou se levantar, ou se abrir ou fechar a porta de um táxi.

Desafiada cognitivamente não apenas por contas simples de aritmética, mas também pelo noticiário, pelos avisos de mudanças do fluxo de trânsito, pela memorização de um número de telefone, pelos lugares à mesa em um jantar social.

"O estrogênio faz com que eu me sinta melhor", ela me disse pouco tempo antes de morrer, depois de passar várias décadas sem ele.

Bem, é verdade. O estrogênio a fazia se sentir melhor.

Essa é, no fim das contas, a "situação" para a maioria de nós.

E no entanto:

E contudo:

Apesar de todas as evidências:

Apesar de reconhecer que minha pele, meu cabelo e inclusive minha cognição dependem todas do estrogênio que já não produzo:

Apesar de reconhecer que não usarei mais as sandálias de camurça vermelhas de saltos de dez centímetros, e apesar de reconhecer que as argolas douradas e as calças legging pretas de caxemira e os colares de contas esmaltadas não são mais adequados:

Apesar de reconhecer que para uma mulher da minha idade o simples fato de notar tais detalhes de aparência seria interpretado como uma manifestação de vaidade descabida:

Apesar de tudo isso:

Entretanto:

O fato de que ter 75 anos poderia representar uma situação significantemente alterada, um "isso" completamente diferente, só me ocorreu há bem pouco tempo.

27

Algo aconteceu comigo no início do verão.

Algo que alterou minha maneira de ver possibilidades e que encurtou, por assim dizer, meus horizontes.

Ainda não faço ideia de quando aconteceu, ou por que aconteceu, ou mesmo de forma exata o que aconteceu. A única coisa que sei é que, em meados de junho, depois de caminhar para casa com um amigo após jantar na Third Avenue, acordei no chão do meu quarto, com o braço esquerdo, a testa e as duas pernas sangrando, sem conseguir me levantar. Parecia óbvio que eu tinha caído, mas eu não tinha a menor lembrança de ter perdido o equilíbrio, de tentar recuperá-lo, os prelúdios costumeiros de uma queda. Certamente não tinha a menor lembrança de perder a consciência. O termo médico para o que aconteceu (eu viria a saber antes que a noite chegasse ao fim) era "síncope", desmaio, mas as discussões a respeito da síncope, centradas que eram nos "sintomas pré-síncope" (palpitações, confusão, tontura, visão borrada ou afunilada), nenhum dos quais eu sabia de identificar, pareciam não se aplicar.

Eu estava sozinha no meu apartamento.

Havia treze telefones lá, mas nenhum ao meu alcance.

Eu me lembro de ficar caída no chão tentando visualizar os telefones inalcançáveis, contando os que havia, cômodo por cômodo.

Eu me lembro de esquecer um dos cômodos e contar novamente os telefones pela segunda e depois pela terceira vez.

Era perigosamente tranquilizador.

Eu me lembro de, na ausência de qualquer perspectiva de obter ajuda, decidir voltar a dormir por algum tempo, ali no chão, com o sangue formando uma poça ao meu redor.

Eu me lembro de puxar um edredom de uma cômoda de vime, o único objeto que eu conseguia alcançar, e dobrá-lo sob a minha cabeça.

Não me lembro de mais nada até despertar pela segunda vez e, nessa tentativa, conseguir reunir força o bastante para me pôr de pé.

Quando então telefonei para um amigo.

Quando então ele veio para minha casa.

Quando então, como eu ainda estava sangrando, pegamos um táxi até a emergência do Hospital Lenox Hill.

Fui eu que disse Lenox Hill.

Deixe-me repetir: fui eu que disse Lenox Hill.

Semanas depois, esse fato ainda me perturbava tanto quanto qualquer outro de toda a sequência de acontecimentos daquela noite: *fui eu que disse Lenox Hill*. Entrei em um táxi na frente do meu apartamento, que por acaso fica em um ponto equidistante entre dois hospitais, Lenox Hill e New York Cornell, *e disse Lenox Hill*. Dizer Lenox Hill em vez de New York Cornell não era sinal de nenhum instinto desenvolvido de autopreservação. Dizer Lenox Hill em vez de New York Cornell era sinal apenas de que, naquele momento, eu não estava em condições de cuidar de mim mesma. Dizer Lenox Hill em vez de New York Cornell provava o argumento humilhante de todos os enfermeiros, assistentes e médicos com quem falei nas duas noites que acabaria por passar no Lenox Hill, a primeira no setor de emergências e a segunda na unidade de cardiologia, onde, por acaso, havia um leito disponível e supunha-se enganosamente que, por eu estar em um leito da unidade de cardiologia, eu devia ter algum problema cardíaco: eu estava velha. Estava velha demais para morar sozinha. Estava velha demais para que me deixassem sair da cama. Estava velha demais até mesmo para reconhecer que, se haviam me dado um leito na unidade de cardiologia, é porque algum problema cardíaco eu devia ter.

"Seu problema cardíaco não aparece nos monitores", uma das enfermeiras não parava de relatar, em tom acusatório.

Tentei processar o que ela estava dizendo.

Processar o que as pessoas diziam não era, naquele momento, o meu forte, mas aquela enfermeira parecia estar sugerindo que meu "problema cardíaco" não estava aparecendo nos monitores porque eu havia desligado de propósito os eletrodos.

Eu me defendi.

Disse que, até onde sabia, não tinha nenhum problema cardíaco.

Ela se defendeu.

"Claro que a senhora tem um problema cardíaco", respondeu. E depois, encerrando o assunto: "Porque, de outra forma, a senhora não estaria internada na unidade de cardiologia".

Eu não tinha resposta para isso.

Tentei fingir que estava em casa.

Tentei descobrir se era noite ou dia. Se fosse dia, eu tinha uma chance de voltar para casa. Mas não havia noite nem dia no hospital.

Somente turnos.

Somente espera.

Espera pela enfermeira da medicação intravenosa, espera pela enfermeira com os narcóticos, espera pela maca.

Alguém poderia por gentileza tirar esse cateter?

A transfusão foi solicitada às onze da noite.

"Como a senhora normalmente se movimenta pelo seu apartamento?", alguém de avental cirúrgico insistia em perguntar, espantado com o que parecia considerar minha mobilidade inteiramente imerecida, e por fim providenciando ele mesmo uma resposta: "De andador?".

A desmoralização ocorre em um instante. Sinto dificuldades em expressar a extensão do quanto duas noites de hospitalização relativamente sem maiores complicações me afetaram de forma negativa. Não houve nenhuma cirurgia. Não houve nenhum procedimento incômodo. Não houve absolutamente nenhum verdadeiro desconforto, exceto o emocional. No entanto, eu me sentia vítima de um mal- -entendido grosseiro. Desejava apenas voltar para casa, lavar o sangue do meu cabelo e parar de ser tratada como uma inválida. Em vez disso, estava acontecendo justamente o contrário. Meu médico pessoal, do corpo clínico do Columbia Presbyterian, por acaso estava em São Petersburgo com a família. Ele me telefonou no Lenox Hill durante o intervalo de um espetáculo de balé do Kirov. Queria saber o que eu estava fazendo lá. Naquele momento, eu também. Os médicos ao redor, determinados a monitorar o meu "problema cardíaco" inexistente, pareciam dispostos a me infantilizar. Até os meus próprios amigos, que passavam para me visitar após o trabalho, completamente no controle de si mesmos, sem sangue nenhum no cabelo, adultos sencientes que davam e recebiam telefonemas, faziam planos para o jantar e traziam-me sopas geladas perfeitas que eu não conseguia comer porque o leito do hospital era tão inclinado que impossibilitava sentar-se direito, agora falavam da necessidade de "colocar alguém em casa". Cada vez mais era como se eu tivesse apanhado um táxi para Lenox Hill e acordado em *Conduzindo Miss Daisy*.

Com dificuldade, consegui expressar isso.

Recebi alta do Lenox Hill.

Meu médico voltou de São Petersburgo.

Depois de mais alguns dias de monitoramento cardíaco improdutivo, a hipótese cardíaca foi descartada.

Marquei outra consulta com mais um neurologista, este do New York Cornell.

Muitos testes foram marcados e realizados.

Uma nova ressonância magnética, para estabelecer se havia alguma alteração significativa.

Não havia.

Uma nova angiografia por ressonância magnética, para determinar se havia algum aumento do aneurisma visualizado nas angiografias por ressonância magnética anteriores.

Não havia.

Um novo ultrassom, para estabelecer se havia aumento de calcificação da artéria carótida.

Não havia.

Por fim, uma tomografia do corpo inteiro, para visualizar quaisquer anormalidades no coração, pulmões, fígado, rins, ossos, cérebro: na verdade, em qualquer lugar do corpo.

Eu deslizei repetidamente para dentro e para fora do PET-Scanner.

Quarenta minutos se passaram, depois houve uma mudança de posição; e mais quinze.

Eu fiquei deitada, imóvel.

Parecia impossível imaginar que eu poderia sair incólume daquilo.

Seria mais uma versão da cama na unidade de cardiologia: um PET-Scan de corpo inteiro fora solicitado, logo, tal como a noite se segue ao dia, havia necessidade de que aparecesse alguma anormalidade.

Um dia depois, recebi os resultados.

Surpreendentemente, não havia nenhuma anormalidade detectada pelo exame.

Todos concordaram nesse ponto. Todos usaram a palavra "surpreendentemente".

Surpreendentemente, não havia anormalidades que explicassem por que eu me sentia tão frágil.

Surpreendentemente, não havia anormalidades que me explicassem por que eu sentia medo de me levantar de uma cadeira dobrável em uma sala de ensaio na West 42nd Street.

Somente então percebi que, durante as três semanas que haviam se passado entre eu apanhar um táxi para o Lenox Hill, no dia 14 de junho, e receber os resultados do PET-Scan de corpo inteiro, no dia 8 de julho, eu deixara que as noites azuis mais profundas chegassem e partissem sem perceber.

Qual o preço de perder aquelas semanas, aquela luz, as noites preferidas do ano, acima de todas as outras?

É possível fugir do declínio da luminosidade?

Ou pode-se apenas fugir de seu aviso?

O que acontece caso você deixe passar a mensagem trazida pelas noites azuis?

"Já sentiu um momento em que tudo na sua vida simplesmente parou?" Assim foi colocada a pergunta por Kris Jenkins, um jogador da defesa dos Jets de 160 quilos, depois de romper tanto o menisco quanto o ligamento anterior cruzado no sexto jogo da sua décima temporada da NFL. "Muito rápido, mas ao mesmo tempo em câmera lenta? Como se todos os seus sentidos tivessem se desligado? Como se você estivesse se vendo?"

Ofereço uma segunda abordagem do momento em que tudo na sua vida simplesmente para, este do ator Robert Duvall: "Eu existo muito bem entre as palavras 'ação' e 'corta'".

E até mesmo uma terceira: "Ele não se apresenta como dor", ouvi certa vez um cirurgião oncologista falar sobre o câncer.

28

EU ME PEGO pensando exclusivamente em Quintana.

Preciso dela ao meu lado.

Atrás da casa na Franklin Avenue, em Hollywood, onde moramos desde o dia em que deixamos os pratos Minton de Sara Mankiewicz até o dia em que nos mudamos para a casa de praia, um período de quatro anos mais ou menos, havia uma quadra de tênis, com ervas-daninhas crescendo por entre as rachaduras do saibro. Eu me lembro de observá-la arrancando as plantas, ajoelhada sobre seus joelhos gorduchos de criança, com o bichinho de pelúcia estropiado que ela chamava de "Coelhinho" ao seu lado.

Daddy's gone to get a rabbit skin to wrap his baby bunny in.

Daqui a algumas semanas vai fazer cinco anos que ela morreu.

Cinco anos desde que o médico declarou que a paciente não conseguia mais obter oxigênio suficiente com o ventilador há, no mínimo, uma hora.

Cinco anos desde que Gerry e eu a deixamos na UTI com vista para o rio, no New York Cornell.

Agora consigo pensar nela.

Já não choro quando escuto seu nome.

Já não imagino a maca sendo chamada para levá-la ao necrotério depois que saímos da UTI.

E, no entanto, ainda preciso dela ao meu lado.

Como alternativa à sua presença, folheio os livros que estão sobre uma mesa no meu escritório, cada um deles livros que ela me deu.

Um deles se chama *Filhotes e suas mães,* e é justamente isso, fotos em preto e branco de filhotes e suas mães, a maioria animais queridinhos do público (não muito diferentes de Coelhinho): carneiros e ovelhas, potros e éguas, mas também filhotes menos comuns e suas mães: porcos-espinhos, coalas, lhamas. Enfiado nas páginas de *Filhotes e suas mães*, descubro um cartão-postal francês que mostra um filhote de urso-polar e sua mãe. "*Câlin sur la banquise*", diz a legenda em francês, e depois: "Abraço no bloco de gelo".

"Algumas coisinhas que encontrei em minhas viagens e me lembraram de você", está escrito no cartão, em uma caligrafia menos cuidadosa do que costumava ser, mas ainda reconhecível.

Ainda a dela.

Embaixo de *Filhotes e suas mães* está *O escafandro e a borboleta*, de Jean-Dominique Bauby, um relato do ex-editor-chefe da *Elle* francesa de como foi ter um acidente vascular cerebral em uma data que, ele sabia, devia ter sido 8 de dezembro, e acordar no final de janeiro, sem conseguir falar, sendo capaz de um único movimento, piscar uma das pálpebras — condição conhecida como "síndrome do encarceramento". (Alguém usou a palavra "síncope"? Alguém usou as palavras "sintomas pré-síncope"? É possível descobrir algumas pistas aqui? Alguma pista da situação de Jean-Dominique Bauby? Alguma pista da minha?) Por razões que na época eu não entendi de todo e que, desde então, não sentira vontade de explorar, *O escafandro e a borboleta* foi um livro extremamente significativo para Quintana quando foi publicado, tanto que nunca lhe contei que não gostei muito dele, nem que, aliás, não acreditei de todo.

Somente mais tarde, quando ela estava encarcerada em sua própria condição, confinada a uma cadeira de rodas e afligida pelas sequelas de uma hemorragia cerebral e de uma cirurgia subsequente, foi que comecei a entender o motivo.

Comecei a entender o motivo quando parei de desejar explorar as razões pelas quais o livro era tão significativo para Quintana.

Me deixa ficar no chão.

Me deixa ficar no chão e vai dormir.

Devolvo *O escafandro e a borboleta* para a mesa do meu escritório.

Alinho-o com *Filhotes e suas mães.*

Câlin sur la banquise.

Esse negócio de blocos de gelo é familiar para mim. Eu não precisava que *Filhotes e suas mães* trouxesse a imagem dos blocos de gelo à vida. No primeiro ano das internações de Quintana, eu havia observado pelas janelas do hospital os blocos de gelo flutuando: blocos de gelo no rio East pelas janelas do Beth Israel North, blocos de gelo no Hudson pelas janelas do Columbia Presbyterian. Penso agora nesses blocos de gelo e imagino ter visto, flutuando em um ou outro pedaço de gelo flutuante, um filhote de urso-polar e sua mãe, seguindo para a ponte Hell Gate.

Imagino que mostrei o filhote de urso-polar e sua mãe para Quintana.

Câlin sur la banquise.

Me deixa ficar no chão.

Resolvo esquecer os blocos de gelo.

Já pensei demais nos blocos de gelo.

Pensar nos blocos de gelo é como pensar na maca sendo chamada para levá-la ao necrotério.

Caminho até o Central Park e me sento por um instante em um banco onde está presa uma placa indicando que foi feita uma contribuição memorial à Central Park Conservancy. Agora existem várias placas como essa no parque, vários bancos como esse. QUINTANA ROO DUNNE MICHAEL 1966-2005, diz a placa no banco. NO VERÃO E NO INVERNO. Uma amiga fez aquela contribuição e me pediu para escrever o que eu gostaria que estivesse gravado na placa. A mesma amiga havia ido visitar Quintana quando ela estava fazendo terapia na unidade de reabilitação neurológica do UCLA e, em seguida, almoçou comigo no restaurante do pátio do hospital. Não ocorreu a nenhuma de nós, no dia em que almoçamos no restaurante do pátio do hospital da UCLA, que a recuperação de Quintana terminaria naquele banco.

É assim que ainda pensamos naquele ano.

Na "recuperação" de Quintana.

Não fazíamos ideia do quão rara pode ser uma recuperação.

Nenhuma ideia de que "recuperação", tal como "adoção", continua sendo um conceito que parece mais plausível do que na verdade é.

Câlin sur la banquise.

A cadeira de rodas.

As sequelas da hemorragia, a neurocirurgia.

No verão e no inverno.

Eu me pergunto se, naquelas circunstâncias, ela se lembrou de *O escafandro e a borboleta*, o que o livro significou para ela, então.

Ela não queria falar sobre as circunstâncias.

Queria acreditar que, se não "ficasse se torturando" com elas, acordaria certa manhã e as veria resolvidas.

"Como quando alguém morre", ela disse certa vez para explicar sua abordagem. "Não fique se torturando com isso."

29

PAREM JÁ OS relógios, corte-se o telefone,
dê-se um bom osso ao cão para que ele não rosne,
emudeçam pianos, com rufos abafados
transportem o caixão, venham enlutados.

Descrevam aviões em círculos no céu
a garatuja de um lamento: ele Morreu.
no alvo colo das pombas ponham crepes de viúvas,
polícias-sinaleiros tinjam de preto as luvas.

Era-me Norte e Sul, Leste e Oeste, o emprego
dos dias da semana, Domingo de sossego,
meio-dia, meia-noite, era-me voz, canção;
julguei o amor pra sempre: mas não tinha razão.

Não quero agora estrelas: vão todos lá para fora;
enevoe-se a lua e vá-se o sol agora;
esvaziem-se os mares e varra-se a floresta.
Nada mais vale a pena agora do que resta.[5]

---

5 Tradução de Vasco Graça Moura.

Assim diz "Funeral Blues", de W.H. Auden, dezesseis versos que, nos dias e nas semanas seguintes à morte de John, dialogavam diretamente com a raiva — a fúria irracional, a ira cega — que sentia. Mais tarde mostrei "Funeral Blues" a Quintana. Sugeri lê-lo no funeral que nós duas estávamos planejando fazer para John. Ela implorou para que eu não fizesse isso. Disse que nada lhe agradava no poema. Disse que era "errado". Ela foi veemente nesse ponto. Na época, achei que estivesse incomodada com o tom do poema, seus ritmos crus, a rispidez com que ele rejeita o mundo, o sentido que transmite de um narrador prestes a explodir. Hoje enxergo de modo diferente a veemência dela. Hoje penso que ela via "Funeral Blues" como torturar-se com a morte.

Na tarde em que ela morreu, 26 de agosto de 2005, o marido dela e eu saímos da UTI com vista para o rio no New York Cornell e atravessamos o Central Park. As folhas das árvores já estavam perdendo sua intensidade, ainda a semanas de caírem, mas preparadas para isso, não exatamente descoloridas, mas em vias de. Na época em que ela foi hospitalizada, no final de maio ou início de junho, as noites azuis estavam começando a dar as caras. Eu as notei pela primeira vez não muito depois de ela ser internada na UTI, o que por acaso se deu no Greenberg Pavilion. No saguão do Greenberg Pavilion havia retratos dos seus principais benfeitores, dos quais os mais proeminentes tinham desempenhado papéis cruciais no conglomerado de seguros AIG e, portanto, figurado nas matérias de jornais sobre o plano de resgate financeiro da AIG. Nas primeiras semanas em que tive motivo para visitar a UTI do Greenberg Pavilion, espantei-me com a familiaridade dos rostos daqueles retratos, e, no início da noite, quando descia da UTI, parava para observá-los. Então saia para o azul cada vez mais intenso daquele momento do dia no início do verão.

Por algum tempo, essa rotina pareceu trazer sorte.

Era um período em que os médicos não pareciam, de forma unânime, desencorajadores.

Um período em que a melhora parecia possível.

Houve até mesmo menção a uma unidade de cuidados intermediários, embora essa unidade jamais tenha se materializado de fato.

Então, uma noite, ao sair da UTI e parar como sempre diante dos retratos da AIG, eu me dei conta: não haveria nenhuma unidade de cuidados intermediários.

A luz lá fora já havia mudado.

A luz lá fora já não era mais azul.

Desde que fora internada, ela já havia passado por cinco cirurgias. Tinha permanecido sedada e presa a ventiladores desde então. A incisão cirúrgica original jamais cicatrizara. Eu havia perguntado ao seu cirurgião por quanto tempo seria possível continuar fazendo aquilo. Ele mencionara um cirurgião no Cornell que fizera dezoito cirurgias como aquela em um único paciente.

"E esse paciente sobreviveu", disse o cirurgião.

"Em que condições?", perguntei.

"Sua filha não estava em ótimas condições quando chegou aqui", o cirurgião respondeu.

Então era esse o ponto em que estávamos. A luz lá fora já estava começando a escurecer. O verão já chegava ao fim, ela continuava lá em cima, na UTI com vista para o rio, e o cirurgião dizia que ela não estava em ótimas condições quando foi levada para lá.

Em outras palavras, ela estava morrendo.

Agora eu sabia que ela estava morrendo.

Não havia como evitar saber disso. Não havia como acreditar nos médicos quando eles tentavam não parecer desencorajadores. Não havia como fingir para mim mesma que o espírito dos fundadores da AIG dariam um jeito nisso. Ela iria morrer. Não necessariamente naquela noite, não necessariamente no dia seguinte, mas estávamos seguindo rumo a esse dia.

O dia 26 de agosto seria aquele em que ela morreria.

O dia 26 de agosto seria aquele em que Gerry e eu sairíamos da UTI com vista para o rio e atravessaríamos o Central Park.

Percebo enquanto escrevo que não há uniformidade na maneira como me refiro a Gerry. Às vezes eu o chamo de "Gerry", às vezes o chamo de "o marido dela". Ela gostava de como aquilo soava. *Seu marido. Meu marido.*

Ela o repetia vezes sem conta.

Quando ainda conseguia falar.

O que, à medida em que os dias iam se encurtando e o rumo se afunilando, não era todo dia.

Note que estamos fazendo ressuscitação cardiovascular.

Porque a paciente não está mais conseguindo obter oxigenação suficiente do ventilador.

Há pelo menos uma hora.

Em uma passagem sob uma das pontes do Central Park, alguém tocava saxofone. Não me lembro que música ele tocava, mas lembro que era melosa e lembro de parar sob a ponte e virar de costas, os olhos pregados nas folhas que caíam, incapaz de segurar as lágrimas.

"O poder da música barata", Gerry disse, ou talvez eu apenas tenha pensado isso.

Gerry. O marido dela.

O dia em que ela cortou o bolo cor de pêssego da Payard.

O dia em que ela usou os sapatos com as solas vermelho-vivo.

O dia em que a tatuagem de jasmim-manga apareceu sob o véu.

Para falar a verdade, eu sequer estava chorando por causa do saxofone.

Estava chorando por causa dos ladrilhos Minton na arcada sul da fonte Bethesda, com a mesma padronagem dos pratos de Sara Mankiewicz, do batizado de Quintana. Estava chorando por Connie Wald andando com seu cachorro por Boulder City e atravessando até o outro lado da represa Hoover. Estava chorando por Diana, segurando a taça flûte de champanhe e fumando o cigarro na sala de estar de Sara Mankiewicz. Estava chorando por Diana, que havia conversado com Blake Watson para que eu pudesse trazer a linda menininha de quem ele fez o parto do berçário do Hospital St. John em Santa Monica para a minha casa.

Diana, que morreria na UTI do Cedars em Los Angeles.

Dominique, que morreria na UTI do Cedars em Los Angeles.

A linda menininha que morreria na UTI do Greenberg Pavilion, no New York Cornell.

Note que estamos fazendo ressuscitação cardiopulmonar.

Porque a paciente não está mais conseguindo obter oxigenação suficiente do ventilador.

Há pelo menos uma hora.

Como quando alguém morre: não fique se torturando com isso.

30

SEIS SEMANAS DEPOIS de sua morte, fizemos uma missa em sua memória, na Igreja Dominicana de St. Vincent Ferrer na Lexington Avenue. Houve canto gregoriano. Tocou-se um movimento da *Sonata para Piano em Si Bemol* de Schubert. Seu primo Griffin leu alguns parágrafos que John havia escrito a respeito dela em *Quintana & Friends*: "Quintana fará onze anos esta semana. Aproxima-se da adolescência com algo que só consigo descrever como petulância, mas observar sua jornada da infância até aqui sempre foi parecido com ver Sandy Koufax fazendo um arremesso ou Bill Russell jogando basquete". Sua prima Kelley leu um poema que ela escreveu quando era criança sobre os ventos de Santa Ana, em Malibu:

Jardins finados
Animais esfomeados
Flores em insipidez
Poço pura aridez
Carreiras deslizam
No crânio cérebros reviram
Pessoas murmuram, folhas se esmiúçam
Do fogo, cinzas circulam.

Susan Taylor, sua melhor amiga desde a escolinha em Malibu, leu uma carta dela. Calvin Trillin falou sobre ela. Gerry leu um poema de Galway Kinnell de que ela gostava, Patti Smith cantou uma canção de ninar que havia composto para seu próprio filho. Li os poemas "Domination of Black" de Wallace Stevens e "New Hampshire" de T.S. Eliot, que lia para ela dormir quando bebê. "Fala a parte dos pavões", ela pedia quando já sabia falar. "Leia a parte dos pavões", ou então: "Leia a parte das macieiras".

"Domination of Black" tinha pavões.

"New Hampshire", macieiras.

Penso em "Domination of Black" sempre que vejo os pavões da St. John the Divine.

Li a parte dos pavões naquele dia na St. Vincent Ferrer.

Li a parte das macieiras.

No dia seguinte, o marido dela, meu irmão e sua família, Griffin, o pai dele e eu fomos até a St. John the Divine e guardamos suas cinzas em uma parede de mármore na Capela de St. Ansgar, junto com as cinzas da minha mãe e de John.

O nome da minha mãe já estava inscrito na parede de mármore da St. John the Divine.

EDUENE JERRETT DIDION

30 DE MAIO DE 1910 — 15 DE MAIO DE 2001

O nome de John já estava lá.

JOHN GREGORY DUNNE

25 DE MAIO DE 1932 — 30 DE DEZEMBRO DE 2003

Restavam dois espaços, cujos nomes ainda não estavam gravados.

Agora resta apenas um.

Durante mais ou menos um mês depois de colocar primeiro as cinzas da minha mãe e depois as de John na parede da St. John the Divine, tive o mesmo sonho repetidas vezes. No sonho eram sempre seis da tarde, a hora em que tocam os sinos das vésperas e que as portas da catedral são fechadas e trancadas.

No sonho, ouço os sinos das seis da tarde.

No sonho, vejo a catedral escurecer-se, as portas trancarem-se.

Você pode imaginar o resto do sonho a partir daí.

Quando saí da catedral depois de guardar as cinzas dela na parede de mármore, evitei pensar no sonho.

Prometi a mim mesma que manteria o embalo.

"Manter o embalo" era a ordem que ecoava do centro da cidade até aqui.

A bem da verdade, eu não fazia ideia do que aconteceria caso eu o perdesse.

Sinceramente, eu não fazia ideia do que ele era.

Supunha, incorretamente, que tivesse algo a ver com movimento, viagens, fazer check-in e check-out de hotéis, ir e voltar de aeroportos.

Experimentei fazer isso.

Uma semana depois de guardar as cinzas na parede da St. John the Divine, viajei para Boston e voltei para Nova

York, depois fui para Dallas e voltei para Nova York, depois para Minneapolis e voltei para Nova York, em uma turnê de divulgação de *O ano do pensamento mágico*. Na semana seguinte, mais uma vez envolvida com a divulgação e ainda sob a ideia equivocada de que manter o embalo significava viajar, fui e voltei de Washington, depois São Francisco, Los Angeles, Denver, Seattle, Chicago, Toronto e, por fim, Palm Springs, onde passei o Dia de Ação de Graças com meu irmão e sua família. Em diversos pontos desse itinerário, ao longo do qual comecei a compreender que o mero ir e vir dos aeroportos não seria suficiente, que certo esforço a mais talvez fosse necessário, falei ao telefone com Scott Rudin e concordei que eu escreveria, ele produziria e David Hare dirigiria um monólogo para a Broadway, baseado em *O ano do pensamento mágico*.

Nós três, Scott, David e eu, nos encontramos pela primeira vez para esse projeto um mês depois do Natal.

Uma semana antes da Páscoa, em um teatrinho minúsculo na West 42nd Street, assistimos às primeiras leituras da peça.

Um ano mais tarde, com Vanessa Redgrave em seu único papel, a peça estreou no Booth Theater na West 45th Street.

Entre as maneiras de manter o embalo, essa última acabou por se revelar uma das melhores: eu me lembro de ter gostado bastante do processo. Gostava das tardes silenciosas nos bastidores com os diretores de cena e eletricistas, gostava de como os lanterninhas se reuniam para receber instruções lá embaixo, pouco antes do sinal que avisa que falta meia hora para o início do espetáculo. Gostava da presença dos seguranças da Shubert lá fora, gostava do peso da porta do teatro quando eu a abria contra o vento que vinha da Shubert Alley, gostava das passagens secretas que iam até o palco. Gostava que Amanda, que cuidava da porta dos fundos do teatro à noite, sempre tivesse em sua mesa uma lata de biscoitos assados por ela. Gostava que Lauri, que cuidava da bilheteria da Shubert Organization e fazia pós-graduação em literatura medieval, houvesse se tornado nossa referência máxima nas falas da peça que tratavam de Gawain. Gostava do frango frito, da broa de milho, da salada de batata e das verduras que comprávamos na Piece o' Chicken, um restaurante perto da Ninth Avenue. Gostava da sopa de bolinhas de matzá que comprávamos do café do Hotel Edison. Gostava do lugar para sentar que arranjamos nos bastidores, da mesinha improvisada com a toalha de mesa xadrez e da vela elétrica e do menu onde se lia "Café Didion".

Gostava de assistir ao espetáculo de um balcão acima das luzes do palco.

Gostava de ficar ali em cima, sozinha, com as luzes e o espetáculo.

Gostava sobretudo do fato de que muito embora a peça inteira focasse em Quintana, cinco noites e duas tardes por semana existiam aqueles noventa minutos, a duração da peça, durante os quais ela não precisava estar morta.

Durante os quais a questão continuava em aberto.

Durante os quais o desenlace ainda estava por acontecer.

Durante os quais a última cena não necessariamente precisava acontecer na UTI com vista para o rio East.

Durante os quais os sinos não necessariamente precisavam tocar e as portas não necessariamente trancar-se às seis.

Durante os quais o último diálogo não necessariamente tinha que centrar-se no ventilador pulmonar.

Como quando alguém morre: não fique se torturando com isso.

31

NA NOITE DE FIM de agosto, na última apresentação da peça, Vanessa pegou as rosas amarelas que lhe foram entregues depois da última cena e colocou-as no palco, sob a foto de John e Quintana no deque em Malibu, que era o último cenário criado por Bob Crowley para o espetáculo.

O teatro foi se esvaziando.

Eu me senti grata com a lentidão com que ia se esvaziando, como se a plateia compartilhasse do mesmo desejo meu de não deixar John e Quintana sozinhos.

Nas coxias, bebemos champanhe.

Antes de eu partir naquela noite, alguém apontou para as rosas amarelas que Vanessa colocara no chão do palco e perguntou se eu não gostaria de levá-las.

Eu não queria as rosas amarelas.

Não queria que tocassem nas rosas amarelas.

Queria que as rosas amarelas ficassem exatamente ali, onde Vanessa as deixara, com John e Quintana no palco do Booth, que ficassem no palco a noite inteira, iluminadas apenas pela luz de serviço, que permanecessem no palco até o inevitável instante da desprodução às oito da manhã. "Apresentação 144 + 23 prévias + 1 apresentação beneficente", diziam as anotações do diretor de cena naquela noite. "Noite mágica. Lindo encerramento de espetáculo. Discurso do diretor antes do espetáculo. Rosas no agradecimento. Brinde com champanhe. Convidados incluíram Griffin Dunne e sua filha Hannah e Marian Saldes. Último Café Didion, com Piece o' Chicken e acompanhamentos." Naquela noite, quando a peça acabou, parecia evidente que eu tinha conseguido manter o embalo, mas eu pagaria um preço por isso. Esse preço sempre fora previsível, mas somente naquela noite comecei a expressá-lo em palavras. Uma frase que me veio à cabeça naquela noite foi "fazer um esforço". Outra foi "além da resistência".

32

"**SOFRI UMA** hiper-hidratação ou deficiência de sódio, que se caracteriza por alucinação, perda de memória e inabilidade corporal; uma verdadeira cornucópia de psicoses. Eu ouvia vozes, via quatro imagens diferentes na televisão ao mesmo tempo, lia um livro em que cada palavra podia se separar e preencher a página. Perguntava às pessoas ao telefone com quem elas achavam que estavam falando, pois eu certamente não sabia. E caía o tempo todo. Para piorar essa experiência fantasmagórica, sofri um derrame." Assim escreveu a dramaturga Ntozake Shange, em *In the Fullness of Time: 32 Women on Life After 50* [Na plenitude do tempo: 32 mulheres falam sobre a vida após os 50, em tradução livre] a respeito dos males que subitamente a afligiram ao atingir a faixa dos cinquenta anos. "O derrame deu fim aos nanossegundos de imagens e deixou um corpo de visão prejudicada, fraqueza, pernas imóveis, fala desconexa e nenhuma recordação de como se lê."

Ela precisou relembrar como se lê.

Ela precisou relembrar como se escreve.

Ela precisou relembrar como se anda, como se fala.

Ela se tornou a pessoa que Quintana sonhava em tornar-se, a pessoa que, "por não se torturar com aquilo", acorda certa manhã e percebe que suas circunstâncias alteradas se corrigiram. "Não estou morta, estou mais velha", ela nos relata a partir dessa perspectiva ampliada. "Mas ainda consigo memorizar uma estrofe ou duas. O que memorizei na realidade foi o rosto de minha filha em diferentes momentos da vida."

33

OS PROBLEMAS DE SAÚDE, outra maneira de descrever o possível preço de manter o embalo, nos acometem quando menos esperamos, quando menos imaginamos haver motivos para isso. Consigo dizer o momento em que fui acometida por eles — uma manhã de quinta-feira, dia 2 de agosto de 2007 —, quando acordei com o que parecia ser uma dor de ouvido e uma região avermelhada no rosto que interpretei erroneamente como sendo infecção por estafilococo.

Eu me lembro de enxergar aquilo como uma provação, algo que tomaria muito tempo, o desperdício de uma manhã que eu não poderia me dar ao luxo de desperdiçar.

Por causa da suposta dor de ouvido, eu teria que ir a um otorrinolaringologista naquela manhã.

Por causa da suposta infecção por estafilococo, eu teria que ir a um dermatologista naquela manhã.

Antes do meio-dia, eu já fora diagnosticada: não era nenhuma dor de ouvido, nenhuma infecção por estafilococo, e sim herpes-zóster, uma inflamação do sistema nervoso, uma recorrência, na idade adulta, do vírus da catapora, que se acreditava ser causada ou potencializada pelo estresse.

"Herpes-zóster": parecia algo menor, até ligeiramente cômico, algo de que uma tia-avó ou um vizinho idoso poderia se queixar; uma história divertida para contar amanhã.

Amanhã. Quando estarei bem. Recuperada. Ótima.

Contando a história divertida.

Vocês nunca irão acreditar no que era. "Herpes-zóster", pasmem.

Não é nada preocupante, então, eu me lembro de dizer ao médico que fez o diagnóstico.

O zóster pode ser um vírus bastante pernicioso, o médico respondeu, na defensiva.

Ainda desejando manter o embalo, e ainda inconsciente de que manter o embalo fora justamente o que me levara ao consultório do médico, eu não quis saber de que maneira o zóster podia ser um vírus bastante pernicioso.

Em vez disso, voltei para casa e passei base translúcida sobre o que agora não era mais infecção por estafilococo, tomei um dos comprimidos antivirais que o médico me prescreveu, e fui para a West 45th Street, não porque me sentia melhor (na verdade, eu me sentia pior), mas porque ir ao teatro era o plano daquele dia, ir ao teatro era o embalo daquele dia: chegar ao Booth a tempo do ensaio da atriz substituta às 15h30, atravessar a West 45th Street no intervalo e comprar frango frito e verduras para comer nos bastidores, ficar para assistir ao espetáculo e tomar um drinque depois com Vanessa e quem mais estivesse por ali. "*Direto, envolvente, bem equilibrado*", diziam as anotações do diretor de cena naquela noite. "*Sra. Redgrave nervosa antes de pisar no palco. Vórtex bastante claro. Audiência arrebatada.*

Celular no auge do espetáculo. Presente: Joan Didion (frango no café, espetáculo e drinque da ala feminina). Dia quente e úmido; temperatura no palco: agradável."

Eu não me lembro do nervosismo da Sra. Redgrave antes de pisar no palco.

Não me lembro do drinque da ala feminina. Disseram-me que houve daiquiris, preparados nos bastidores pela camareira de Vanessa, e que eu tomei um.

Eu me lembro apenas de que, após o dia quente e úmido com temperatura agradável no palco, seguiu-se uma semana de febre de 39° C, três semanas de dor extrema nos nervos do lado esquerdo da minha cabeça e do meu rosto (incluindo, inconvenientemente, os mesmos nervos que desencadeiam dores de cabeça, dores de ouvido e dores de dente), e depois uma condição que o neurologista descreveu como "ataxia pós-viral", mas que eu conseguia descrever somente como "não saber onde começa e termina meu corpo".

Só consigo pensar que devia ser isso que Ntozake Shange quis dizer com "inabilidade corporal".

Eu já não tinha equilíbrio.

Deixava cair tudo o que eu tentava apanhar.

Não conseguia amarrar os sapatos, abotoar um suéter ou prender o cabelo para afastá-lo do meu rosto, os atos mais simples de prender ou desprender uma peça agora estavam além das minhas capacidades.

Já não conseguia apanhar uma bola.

Menciono a bola apenas porque (uma vez que normalmente não costumo ficar apanhando bolas ao longo do meu dia) a descrição mais precisa que eu viria a ler ou escutar dos sintomas que então estava começando a sentir foi a de um jogador de tênis profissional, James Blake, que, após uma temporada de estresse considerável — ele fraturou uma vértebra do pescoço antes do Aberto da França e, quando começou a se recuperar, seu pai estava no leito de morte —, acordou certa manhã, com vinte e poucos anos, apresentando sintomas similares aos meus. "No mesmo instante, eu me dei conta de quantas coisas estavam erradas", ele mais tarde escreveu, em *Breaking Back: How I Lost Everything and Won Back My Life* [Como perdi tudo e ganhei minha vida de volta, em tradução livre], sobre sua tentativa inicial de retomar o que até então fora a sua vida. "Não apenas eu perdera a noção de equilíbrio, como também minha visão estava prejudicada. Sentia dificuldade em rastrear o trajeto da bola das raquetes de Brian e Evan até a minha. Eu os via bater a bola, a perdia de vista por um instante, depois subitamente notava que ela estava muito próxima de mim. Isso era ainda mais desconcertante porque nem Brian nem Evan batiam tão forte quanto um jogador mediano do torneio."

Ele tenta correr para um saque, mas descobre que sua coordenação foi parar no mesmo lugar que sua visão.

Tenta fazer um voleio, simplesmente rebater algumas bolas, e descobre que agora as bolas é que o atingem.

Pergunta ao otologista do Hospital Yale-New Haven que lhe fora recomendado por quanto tempo ainda deveria continuar experimentando aqueles sintomas.

"No mínimo três meses", o otologista responde. "Mas podem ser quatro anos."

Não é o que um tenista profissional deseja ouvir. Não é o que eu desejo ouvir.

Ainda assim.

Tenho fé (outra palavra para embalo) de que meus sintomas, que continuaram a se manifestar de modo ligeiramente diferente e até agora duraram algo mais próximo de quatro anos do que três meses, irão mostrar melhora, diminuir, até mesmo desaparecer.

Eu faço o possível para encorajar essa determinação, eu sigo orientações.

Mostro as caras regularmente na esquina da 60th com a Madison para a fisioterapia.

Mantenho o freezer estocado com sorvete de baunilha da Maison du Chocolat.

Coleciono notícias animadoras, chego até mesmo a me concentrar nelas.

Por exemplo:

James Blake, depois disso, voltou aos torneios. Eu foco nesse fato.

Nesse ínterim, tal como Ntozake Shange, memorizo o rosto da minha filha.

34

EU ME VEJO ANALISANDO, em um exemplar da *New York Review of Books*, uma foto de Sophia Loren tirada pela agência Magnum durante um desfile de moda da Christian Dior em Paris, em 1968. Na foto, Sophia Loren está sentada em uma cadeira dourada, usando um turbante de seda e fumando um cigarro, refinada ao extremo, eternamente bem-vestida enquanto assiste à "noiva", o final tradicional do desfile. Ocorre-me que aquela foto da Magnum deve ter sido feita não muito depois de a própria Sophia Loren ter sido "a noiva", não uma, mas duas vezes, já que se casara pela segunda vez com Carlo Ponti após a anulação do casamento original no México, pelo qual ele foi acusado de bigamia e ameaçado de excomunhão na Itália.

Um "escândalo" na época.

É difícil se lembrar de como antigamente era certo que o "escândalo" surgiria pela nossa frente.

Elizabeth Taylor e Richard Burton, um escândalo.

Ingrid Bergman e Roberto Rosselini, um escândalo.

Sophia Loren e Carlo Ponti, um escândalo.

Continuo analisando a fotografia.

Imagino o objeto desse escândalo específico deixando o desfile da Dior e indo almoçar no pátio do Plaza Athénée.

Imagino-a sentada com Carlo Ponti comendo uma *éclair* com um garfo, as videiras que ladeiam o pátio afagadas de leve pelo vento, a hera, *lierre*, a luz do sol cintilando rosada através dos toldos de lona vermelha sobre as janelas. Imagino o som dos passarinhos reunidos sobre a *lierre*, os chilreios, uma presença constante e uma ou outra — digamos, quando uma veneziana de metal se abre ou, digamos, quando Sophia Loren se levanta da sua mesa e atravessa o pátio — explosão de cantos.

Imagino-a deixando o Plaza Athénée, os flashes dos fotógrafos ao seu redor enquanto ela entra em um carro que aguarda na Avenue Montaigne.

O cigarro, o turbante de seda.

Ocorre-me que nessa foto ela não parece muito diferente das mulheres nas fotos que Nick tirou durante o batizado de Quintana.

O batizado de Quintana foi em 1966, esse desfile da Dior, dois anos depois, em 1968: 1966 e 1968 estavam a eras de distância na vida política e cultural dos Estados Unidos, mas, para mulheres que se apresentavam de uma determinada maneira, eram a mesma época. Era um modo de se vestir, um modo de vida. Um período. O que aconteceu com aquele modo de se vestir, aquele modo de vida, aquela época, aquele período? O que aconteceu com as mulheres fumando cigarros com terninhos Chanel e pulseiras David Webb? O que aconteceu com Diana segurando a taça flûte de champanhe e um dos pratos Minton de Sara

Mankiewicz? O que aconteceu com os pratos Minton de Sara Mankiewicz? O que aconteceu com a quadra de tênis de saibro na casa da Franklin Avenue em Hollywood, onde eu observava Quintana arrancando ervas-daninhas ajoelhada em seus joelhos gorduchos de criancinha? O que deu a Quintana a ideia de limpar o mato de uma quadra onde ninguém jogava — até a rede estava caída, esburacada após anos de negligência, arrastando mato e poeira da argila. Era uma tarefa necessária? Era sua obrigação, seu dever? Seria limpar o mato da quadra de tênis abandonada na casa da Franklin Avenue algo parecido com equipar a casa de bonecas em Malibu com uma sala de projeção? Seria limpar o mato da quadra de tênis abandonada algo parecido com escrever um romance? Seria mais uma maneira de assumir um papel adulto? O que aconteceu com aqueles joelhinhos gorduchos, o que aconteceu com Coelhinho?

Por acaso, eu sei o que aconteceu com Coelhinho.

Ela esqueceu Coelhinho em uma suíte do Hotel Royal Hawaiian, em Honolulu.

Descobri isso na metade da travessia do Pacífico, quando ela estava sentada ao meu lado na cabine superior escurecida do voo noturno da Pan Am de volta para Los Angeles.

Ainda existia a Pan Am naquela época.

Ainda existia a TWA naquela época.

Ainda existia a Pan Am e ainda existia a TWA e a Bendel's ainda ficava na West 57th Street e ainda vendia chiffons da Holly Harp, barras onduladas e tamanhos P e PP.

Sentada ao meu lado naquele voo noturno de volta a Los Angeles, minha filha lamentou o destino cruel de Coelhinho. Coelhinho se perdera, Coelhinho fora deixado para trás, Coelhinho fora abandonado. Contudo, quando o avião taxiou até o portão do Aeroporto Internacional de Los Angeles, ela já havia transformado com êxito o destino cruel de Coelhinho na boa sorte de Coelhinho: o Royal Hawaiian, a suíte, os cafés da manhã no quarto. As manhãs que nem se via passar. A areia branca, a piscina. Caminhar até os corais. Saltar no bote e nadar. Coelhinho devia estar naquele exato momento, disso podíamos ter certeza, saltando do bote para nadar.

Saltar do bote e nadar, caminhar até os corais.

Imagine uma criança de cinco anos caminhando até os corais.

Como quando alguém morre: não fique se torturando com isso.

Como eu poderia deixar de precisar daquela criança ao meu lado?

Eu me sinto impelida a localizar, a fim de estabelecer ao menos um único sobrevivente do período, uma fotografia recente de Sophia Loren.

Digito o nome dela no Google Imagens.

Encontro a foto: Sophia Loren chegando em alguma espécie de evento publicitário, uma dessas chegadas sobre o tapete vermelho em que os relações-públicas pairam por perto, alertando os fotógrafos da chegada das celebridades.

Ao conferir a legenda da foto, noto de passagem que Sophia Loren nasceu em 1934, o mesmo ano em que eu nasci. Fico estupefata: Sophia Loren também tem 75 anos, Sophia Loren tem 75 anos e ninguém naquele tapete vermelho, até onde eu saiba, sugere que ela não esteja lidando muito bem com o envelhecimento. Essa descoberta completamente insignificante me inunda de esperança renovada, de uma sensação reanimadora de possibilidade.

35

QUANDO PERDEMOS essa sensação de possibilidade, nós a perdemos depressa.

Em um dia estamos preocupados em nos vestir bem, acompanhar as notícias, nos manter atualizados, lidar com as adversidades, o que poderíamos chamar de *permanecer vivos*; no outro, não. Em um dia estamos virando as páginas do que quer que tenha chegado na correspondência do dia — talvez seja a *Vogue*, talvez a *Foreign Affairs*, seja lá o que for, ficamos intensamente interessados, satisfeitos de termos aquele manual de como *manter-se atualizado*, essa chave para *permanecer vivos* — no entanto, no dia seguinte estamos subindo a Madison, passando pela Barney's e pela Armani, ou pela Park Avenue, passando pelo Ministério de Relações Exteriores, sem sequer olhar de relance para suas vitrines ou janelas. Em um dia estamos olhando uma foto de Sophia Loren tirada pela agência Magnum no desfile da Christian Dior em Paris, em 1968, e pensando, sim, podia ser eu, eu podia estar usando esse vestido, eu estive em Paris no ano anterior; uma piscada de olhos mais tarde e estamos no consultório de um médico ou outro, ouvindo a respeito do que já saiu errado, por que nunca mais usaremos as sandálias de camurça vermelhas de saltos de dez centímetros, nunca mais usaremos as argolas douradas, os colares de contas esmaltadas, nunca mais poderemos usar o vestido que Sophia Loren está usando. Os danos causados pelo sol, quando saltamos do bote para nadar com vinte e poucos anos, apesar de todos os conselhos contrários, só agora começam a vir à tona (disseram para não exagerarmos no sol, disseram o que iria acontecer, disseram para usarmos filtro solar, ignoramos todos os avisos): melanomas, carcinomas de células escamosas, longas horas passadas agora observando o dermatologista extrair os carcinomas com nomes que não desejamos saber.

Longas horas passadas agora recebendo as medicações intravenosas que prometem reparar a perda óssea causada pelo envelhecimento.

Longas horas passadas agora recebendo as medicações intravenosas, sem entender por que a vitamina D que acreditávamos estar acumulando por não usarmos filtro solar não conseguiu cumprir sua missão de fortalecimento dos ossos.

Longas horas passadas agora aguardando os exames de imagem, aguardando os exames de eletroencefalografia, em frígidas salas de espera virando as páginas do *Wall Street Journal* e da *AARP The Magazine* e da *Neurology Today*, além das revistas dos alunos das escolas de medicina da Columbia e da Cornell.

Em frias salas de espera, mostrando mais uma vez o cartão do seguro, explicando mais uma vez por que, a despeito da preferência do provedor, o plano de saúde do Sindicato dos

Roteiristas precisa ser o principal e o Medicare, o secundário, e não, a despeito da minha idade — minha idade é agora uma questão em todas as salas de espera —, o contrário.

Em frias salas de espera, listando uma vez mais as medicações e os sintomas e as descrições e as datas das hospitalizações anteriores: simplesmente invente as datas, faça um chute e pronto, por algum motivo "1982" sempre me vem à cabeça. *Bem, ótimo, "1982", então, "1982" terá que servir.* Não há maneira de dar a resposta certa a essa pergunta.

Em frias salas de espera, tentando pensar no nome e no telefone de alguém que eu gostaria de notificar em caso de emergência.

Dias inteiros desperdiçados agora com esta única pergunta, esta questão para a qual não há resposta possível: *quem eu gostaria de notificar em caso de emergência?*

Penso mais uma vez nisso. Não quero nem imaginar a possibilidade do "caso de emergência".

Emergências, continuo acreditando, são coisas que acontecem com os outros.

Digo que continuo acreditando nisso muito embora saiba que não acredito.

Quero dizer, em retrospecto: e aquele negócio da cadeira dobrável de metal na sala de ensaios na West 42nd Street? Do que exatamente eu senti medo ali? Do que senti medo naquela sala de ensaios, senão de uma "emergência"? Ou o que dizer de voltar a pé para casa depois de jantar na Third Avenue e acordar em uma poça de sangue no chão do meu quarto? Acaso acordar em uma poça de sangue no chão do meu quarto não se qualificaria como uma "emergência"?

Certo. Aceito. "Em caso de emergência" ainda se aplica. Quem notificar. Eu me esforço mais.

Ainda assim, nenhum nome me vem à cabeça.

Eu poderia dar o nome do meu irmão, mas meu irmão mora a quase seis mil quilômetros daquilo que em Nova York poderia ser definido como uma emergência. Poderia dar o nome de Griffin, mas Griffin está rodando um longa. Griffin está em uma locação. Griffin está sentado na sala de jantar de algum Hilton Inn — com um pouco de gente demais à mesa, um pouco de barulho demais — e não está atendendo o celular. Poderia dar o nome de qualquer amigo próximo de Nova York que me venha primeiro à cabeça, mas o amigo próximo de Nova York que me vem primeiro à cabeça, pensando bem, nem sequer está em Nova York, está viajando, fora da cidade, fora do país, certamente impossível de ser contatado na melhor das hipóteses e, na pior, relutando em sê-lo.

Quando penso na palavra "relutando", minha cognição lenta entra em cena.

A frase familiar "precisa saber" vem à tona.

A frase "precisa saber" é que foi o problema o tempo inteiro.

Somente uma pessoa precisa saber.

Ela é, com certeza, a única pessoa que precisa saber.

Me deixa ficar no chão.

Só me deixa ficar no chão e vai dormir.

Imagino-me contando para ela.

Consigo me imaginar contando para ela porque eu ainda a vejo.

Oi, mamães.

Da mesma maneira que ainda a vejo arrancando as ervas-daninhas da quadra de tênis na Franklin Avenue.

Da mesma maneira que ainda a vejo sentada no chão vazio cantando junto com o toca-fitas de oito pistas. *Do you wanna dance. Eu quero dançar.*

Da mesma maneira que ainda vejo as flores-de-noiva em sua trança, da mesma maneira que ainda vejo a tatuagem de jasmim-manga através do seu véu. Da mesma maneira que ainda vejo as solas vermelho-vivo de seus sapatos quando ela se ajoelha diante do altar. Da mesma maneira como ainda a vejo, na cabine superior escurecida do voo noturno da Pan Am de Honolulu para Los Angeles, inventando um aumento imprevisto da sorte de Coelhinho.

Sei que já não consigo alcançá-la.

Sei que, se eu tentasse alcançá-la — se segurasse sua mão como se mais uma vez ela estivesse sentada ao meu lado na cabine superior do voo noturno da Pan Am de Honolulu para o Aeroporto Internacional de Los Angeles, se a colocasse para dormir contra o meu ombro, se lhe cantasse uma música dizendo que papai foi atrás de uma pele de coelho para embrulhar seu bebê-coelho —, ela se dissiparia ao meu toque.

Evaporaria.

Cairia no nada: o verso de Keats que tanto a amedrontava.

Dissiparia-se como se dissipam as noites azuis, esmaeceria tal qual a luminosidade.

Voltaria para o azul.

Eu mesma guardei suas cinzas na parede de mármore.

Eu mesma vi as portas da catedral trancarem-se às seis.

Sei o que estou vivenciando agora.

Sei o que é a fragilidade, sei o que é o medo.

O medo não é daquilo que se perdeu.

O que se perdeu já está guardado na parede.

O que se perdeu já está atrás das portas trancadas.

O medo é daquilo que ainda resta a perder.

Talvez você não veja nada que ainda reste a perder.

Contudo, não há um único dia na vida dela em que eu não a veja.

PERMISSÕES E AGRADECIMENTOS

Um profundo agradecimento às seguintes pessoas e instituições
pela permissão para citar o material previamente publicado:

ALFRED MUSIC PUBLISHING CO., INC.
Trecho da música "Hotel California", letra e música de
Don Henley, Glenn Frey e Don Felder. Copyright © 1976
e renovado por Cass Country Music (BMI), Red Cloud
Music (BMI) e Fingers Music (ASCAP). Todos os direitos
de impressão da Cass Country Music e Red Vloud Music
foram administrados pela Warner-Tamerlane Publishing Corp.
Todos os direitos reservados. Reimpresso com a permissão de
Alfred Music Publishing Co., Inc., em nome de Don Henley,
Glenn Frey e Don Feldcr.

RANDOM HOUSE, INC., E CURTIS BROWN LTDA.
"Funeral Blues", copyright © 1940 e copyright renovado em 1968
por W. H. Auden. Trecho de "Many happy returns", copyright
© 1945, copyright renovado em 1973 por W. H. Auden, da obra
Collected Poems de *W. H. Auden* by W. H. Auden (atualmente
publicado pela Modern Library, uma divisão do grupo Random
House, Inc.). Reimpresso com a permissão da Random House,
Inc., em nome dos direitos de impressão, e de Curtis Brown, Ltda.,
em nome dos diretos eletrônicos e de áudio.

RUSSEL & VOLKENING, INC.

Trecho de "what i thought i'd never lose & did/what i discovered when i didn't know i cd", de Ntozake Shange. Copyright © 1993 by Ntozake Shange, de *In the Fullness of Time: 32 Women on Life after 50* (Nova York: Atria/Simon & Schuster, 2010). Reimpresso com a permissão de Russel & Volkening enquanto agente do autor.

Este livro foi impresso pela Cruzado, em 2023, para
a HarperCollins Brasil. O papel do miolo é pólen
bold 90g/m², e o da capa é cartão 250g/m².